Allegria

Der Autor

John Selby, Doktor der Philosophie, Unternehmensberater, Psychologe, Bewusstseinsforscher und Pädagoge, studierte an der Princeton University, am Theologischen Seminar in San Francisco, am University College Berkeley, am Amerikanischen Filminstitut und am Radix Institute. Er hat Gesundheits- und Persönlichkeitsprogramme für große Industrieunternehmen entwickelt, an verschiedenen Universitäten gelehrt und ist Autor zahlreicher Bücher. John Selby lebt auf Hawaii.

John Selby

Das Freundlichkeitsprinzip

Wie Sie jeden für sich gewinnen

Aus dem Amerikanischen übersetzt
von Bettina Lemke

Ullstein

Besuchen Sie uns im Internet:
www.ullstein-taschenbuch.de

Allegria im Ullstein Taschenbuch
Herausgegeben von Michael Görden

Aus dem Amerikanischen übersetzt von Bettina Lemke

Die Originalausgabe mit dem Titel EMPATHY ON DEMAND erschien 2006 im Verlag Hampton Roads Publishing Company Inc., Charlottesville, USA

Umwelthinweis
Dieses Buch wurde auf chlor- und säurefreiem Papier gedruckt.

Ullstein Taschenbuch ist ein Verlag der Ullstein Buchverlage GmbH, Berlin.
Neuausgabe im Ullstein Taschenbuch
1. Auflage Juli 2008

Umschlaggestaltung: FranklDesign, München
Titelabbildung: Hildegard Morian/www.moriandesign.de
Gesetzt aus der Baskerville
Satz: Keller & Keller GbR
Druck und Bindearbeiten: GGP Media GmbH, Pößneck
Printed in Germany
ISBN 978-3-548-74426-1

Inhaltsverzeichnis

Vorwort

Niemand hat gerne mit Menschen zu tun, die schlecht gelaunt sind oder anderen mit aufgesetzter Freundlichkeit begegnen. Ihre Freunde, Klienten und Kollegen müssen das Gefühl haben, ehrlich akzeptiert und geschätzt zu werden. Daher dürfen Ihre eigenen Gefühle diesen Menschen gegenüber nicht nur vorgetäuscht sein; Sie müssen sie vielmehr ehrlich und aus tiefem Herzen empfinden. Die gute Nachricht ist, dass Sie bereits über die latente Fähigkeit verfügen, Ihre Stimmungen zu kontrollieren und schnell von negativen auf positive Emotionen umzuschalten. Sie müssen lediglich einen inneren Prozess erlernen, mit dem Sie unpassende Stimmungen schnell überwinden und Ihre empathischen Kräfte aktivieren können.

Ich werde Ihnen in diesem Buch ein vierstufiges *Programm* vorstellen. Damit können Sie Ihre Stimmungen am Arbeitsplatz sowie im privaten Bereich kontrollieren, sich von schlechten Gewohnheiten lösen, die Ihre Arbeitsergebnisse sabotieren, sowie Ihren Empathie-Quotienten steigern. Wenn Sie sich in Ihrer eigenen Haut wohl fühlen, begegnen Sie anderen Menschen automatisch auf eine ehrliche und positive Weise. Und während Sie Ihre Fähigkeit fördern, wahre Herzenskontakte zu entwickeln und die Momente der Begegnung mit Ihren Mitmenschen zu genießen, werden Sie automatisch selbstbewusster, charismatischer und erfolgreicher.

Freundlichkeit auf Knopfdruck: die Methode

Traditionell basierten psychologische Methoden zur Verbesserung von Kundenbeziehungen auf Verhaltenstechniken, mit denen die Emotionen der Kunden manipuliert werden sollten. Unser Ansatz zur Förderung einer positiven Kundenerfahrung ist nicht manipulativ, sondern setzt bei Ihnen an – Sie erlernen eine Methode, mit der Sie rasch von einer negativen auf eine positive Stimmung umschalten und so freundlich und hilfsbereit auf Ihr Gegenüber zugehen können. Mit unserem *Empathie-Programm* werden Sie die vier grundlegenden Schritte zur Verbesserung des Kundenkontakts erfolgreich meistern.

Erster Schritt – Sich auf eine Begegnung vorbereiten

Bevor Sie einen anderen Menschen treffen, sollten Sie eine effektive kognitive Umschaltmethode anwenden, um sich von innerem Stress, von Sorgen oder Urteilen zu lösen, die eine Begegnung negativ beeinträchtigen können –, und Ihre Aufmerksamkeit auf positive Gefühle richten, die aus dem Herzen kommen.

Zweiter Schritt – Der Moment der Begegnung

Sie sollten Ihr Gegenüber auf freundliche und ehrliche Weise begrüßen und ihm genug Freiraum lassen, sodass der andere entspannen und frei atmen kann. Neue kognitive Techniken können Ihnen helfen, innerlich positiv gestimmt zu bleiben, eine ehrliche und freundliche Ausstrahlung zu haben und sich auf eine gelöste, spontane und angenehme Weise mit dem anderen zu unterhalten.

Dritter Schritt – Mit dem Herzen dabei sein

Wenn Sie anfangen, über das Anliegen des anderen zu sprechen, sollten Sie die klare Absicht verfolgen, ihm zu helfen und seine Bedürfnisse voll und ganz zu erfüllen. Wenn Sie eine angenehme Atmosphäre schaffen, wird sich Ihr Gegenüber gut fühlen.

Vierter Schritt – Die Begegnung nachbereiten
In der vierten Phase sollten Sie innehalten, um über die Begegnung nachzudenken. Sie sollten gezielt überlegen, was nun zu tun ist. Sie werden lernen, positive Aspekte der Begegnung noch einmal zu durchleben und sich auf Ihren ehrlichen Wunsch zu konzentrieren, dem anderen erneut zu begegnen.

Eine steil ansteigende Lernkurve

Sie werden überrascht sein, wie schnell Sie lernen können, Ihre Stimmungen zu kontrollieren und willentlich auf positive Emotionen umzuschalten, sodass Sie andere Menschen vorbehaltlos akzeptieren und sich mit ganzem Herzen auf sie einlassen können. Sie verfügen bereits über die Fähigkeit, sich auf diese Weise zu verändern – und ich werde Ihnen spezielle kognitive Instrumente an die Hand geben, damit Sie diese Fähigkeit von einem Moment auf den anderen einsetzen können. Die Umschaltmethode verleiht Ihnen sofort ein besseres Gefühl, daher werden Sie sie bald gerne und regelmäßig in allen Lebensbereichen anwenden.

⇨ Wichtig ist, dass Sie lernen, sich so zu akzeptieren und zu schätzen, wie Sie sind, und Ihre natürliche Klugheit und Herzlichkeit sowohl bei der Arbeit als auch im privaten Bereich zur Geltung kommen zu lassen.

Mithilfe dieses Buches werden Sie alle Techniken erlernen, die Sie benötigen, um den *Empathie-Prozess* zu aktivieren.

Darüber hinaus finden Sie unterstützende Audioführungen auf der Internetseite: http://selbysolution.com. Sie enthält zudem Techniken zur Wiederherstellung des emotionalen Gleichgewichts sowie zur Verbesserung von Partnerbeziehungen.

Ich heiße Sie nun herzlich willkommen zu dieser neuen Methode, mit der Sie Ihren emotionalen Akku wieder aufladen können. Nehmen Sie sich Zeit, um den Prozess zu verinnerlichen. Wenn Sie möchten, können Sie auch die Audiounterstützung im Internet nutzen. Setzen Sie von nun an Ihre innere Kraft ein, um sich von negativen Stimmungen zu lösen; finden Sie zu Ihrer natürlichen Freundlichkeit, die Ihnen nicht zuletzt mehr Erfolg bei der Arbeit verschaffen wird.

Einleitung

Emotionales Engagement am Arbeitsplatz

Ich möchte Ihnen in diesem Buch ein Programm vorstellen, das Ihnen die vier zentralen Schlüsselelemente für ein erfolgreiches emotionales Engagement am Arbeitsplatz – und auch im privaten Bereich – vermittelt. Mithilfe spezieller Techniken aus der kognitiven Wissenschaft sowie Untersuchungen zur Verbindung von Herz und Verstand wird diese neue Methode zur Empathie-Förderung für größeres Vertrauen seitens Ihrer Kunden und Geschäftspartner sorgen. Darüber hinaus werden Sie sich nicht nur intensiver auf Ihre Arbeitskollegen einlassen, sondern auch auf Ihre Freunde und Familie zu Hause.

Die vier Schritte der Begegnung

Wie bereits im Vorwort erwähnt, machen Sie jedes Mal, wenn Sie sich auf eine Begegnung mit einem Kunden, Kollegen oder Freund vorbereiten, die vier Phasen der interaktiven Erfahrung durch. Wir werden jede Einzelne eingehend untersuchen und genau herausarbeiten, was Sie in jeder Phase tun können, um sich emotional bestmöglich auf den anderen Menschen einzulassen. Sehen wir uns die vier notwendigen Schritte zunächst im Überblick an, bevor wir uns damit befassen, wie sich die einzelnen Techniken umsetzen lassen:

Erster Schritt: Sich auf die Begegnung vorbereiten

Vor dem eigentlichen Kontakt mit einem anderen Menschen, egal, ob im Rahmen einer persönlichen Begegnung oder während eines Telefongesprächs, haben Sie fast immer einige Augenblicke Zeit, sich darauf vorzubereiten. Wenn Sie ein bis zwei Minuten zur Verfügung haben, umso besser! Unsere Methode versetzt Sie in die Lage, innezuhalten und Ihre vorherrschenden Gedanken, Ihre Stimmung sowie Ihr Energieniveau zu prüfen und aus einem negativen Gemütszustand auf ein positives Gefühl umzuschalten – bevor Sie in das emotionale Umfeld Ihres Gegenübers eintreten (und es verändern).

Bei unserer Methode zur Kundenbindung geht es darum, zu lernen, wie man sich bewusster auf seine eigenen Gefühle konzentrieren kann. Wir alle können uns in jedem Moment auf positive oder negative Gefühle ausrichten. Mithilfe unserer Methode lernen Sie, sich bewusst zu entscheiden, auf welche Emotionen Sie Ihre Aufmerksamkeit richten wollen. So gelingt es Ihnen, in den unterschiedlichsten Situationen Freundlichkeit und Ehrlichkeit auszustrahlen.

⇨ In dieser erste Phase unserer Methode geht es im Wesentlichen darum, sich die Zeit zu nehmen, die eigene Stimmung zu verändern, anstatt einfach in eine Begegnung hineinzuschlittern und den eigenen Emotionen unkontrolliert freien Lauf zu lassen.

Ihr allgemeiner emotionaler Zustand und Ihre Laune beeinflussen Ihre Effektivität bei Verkaufsgesprächen und bei Dienstleistungen erheblich, ganz zu schweigen von Ihrer Teamfähigkeit bei der Arbeit oder Ihrer Beliebtheit zu Hause oder unter Freunden.

Die Anwendung meiner Methode impliziert nicht, dass Sie Ihre negativen Gefühle verdrängen sollen. Falls Sie tiefere emotionale Probleme haben, die nicht im Rahmen dieses Buches geklärt werden können, finden Sie weitere Hilfe im Online-Support-Center. In dem Programm, das ich Ihnen hier vorstelle, schulen Sie die Fähigkeit, Ihre Stimmungen zu kontrollieren. So können Sie sich bei der Arbeit emotional angemessen präsentieren und dadurch Ihren Erfolg maximieren.

Zweiter Schritt: Der Moment der Begegnung

Allzu oft handeln Menschen im ersten Moment der Begegnung mit einer anderen Person zu impulsiv. Sie verfallen in alte Verhaltensmuster, die der Situation nicht angemessen sind. Der zweite Abschnitt dieses Buches befasst sich mit diesem entscheidenden Moment. Anhand einiger Fallbeispiele werden Sie erkennen, welche unterschiedlichen Reaktionen bei Menschen ausgelöst werden können, je nachdem, welche innere Haltung Ihr Gegenüber zum Ausdruck bringt. Im ersten Moment der Begegnung können Sie sich dafür entscheiden, den anderen auf eine freundliche und unvoreingenommene Weise zu begrüßen. Darüber hinaus können Sie eine entspannte emotionale Atmosphäre schaffen, in der die andere Person frei atmen kann.

⇨ Wenn Sie eine positive, entspannte Ausstrahlung haben, ermuntern Sie den anderen dazu, sich ebenfalls gut, entspannt und angenommen zu fühlen.

In der zweiten Phase unseres Prozesses lernen Sie, eine häufig ungenutzte Fähigkeit einzusetzen, die uns allen zu Eigen ist: Sie lernen, den gegenwärtigen Moment zu genießen und somit spontan auf andere Menschen einzugehen und empathische, herzliche Gefühle auszustrahlen. Diese Fähigkeit lässt sich schnell erlernen, sobald Sie den psychologischen Prozess verstanden und ihn als klaren, kognitiven Ablauf erlebt haben.

Während des Prozesses werden wir Ihre Einstellungen sowie Ihre gewohnten emotionalen Stimmungen auf ehrliche und verständnisvolle Weise betrachten und dabei Schritt für Schritt Ihre Fähigkeit fördern, positive Gefühle vorherrschen zu lassen, die aus dem Herzen kommen. Darüber hinaus können Sie sich von störenden Gefühlen lösen und auf einen emotionalen Zustand umschalten, in dem Sie Ihr Gegenüber voll und ganz akzeptieren und das Zusammensein mit ihm genießen können.

Dritter Schritt: Mit dem Herzen dabei sein

In jedem Verkaufsgespräch ist irgendwann der Punkt erreicht, an dem man auf den eigentlichen Grund des Treffens zu sprechen kommt. Häufig empfinden Kunden oder Klienten die Situation nicht mehr als angenehm, wenn der Verkäufer plötzlich ein manipulatives Verhalten zeigt, nachdem man sich zuvor nett unterhalten hat. Ich möchte Ihnen gerne zeigen, wie Sie, anstatt in die gewohnte aufdringliche Verkaufstaktik abzugleiten, die entstandene positive Atmosphäre aufrechterhalten können.

⇨ Eine stabile Kundenbindung an ein Unternehmen entsteht dann, wenn die Kunden eine angenehme, vertrauensvolle und herzliche Beziehung zu den Mitarbeitern erleben.

Beim Übergang vom belanglosen Gespräch zum Geschäftlichen muss die zwischen den Gesprächspartnern entstandene Vertrautheit nicht automatisch wieder verloren gehen. Anhand verschiedener Beispiele werden wir untersuchen, wie Sie hier mithilfe bewusster Entscheidungen eine positive Kundenerfahrung herbeiführen können.

Die meisten Verkaufsgespräche, bei denen Druck auf die Kunden ausgeübt wird, sind letztlich von Angst geprägt; weil Mitarbeiter befürchten, nicht genug zu verkaufen, versuchen sie die Kunden zu manipulieren. Auf dem neuen kundenorientierten Markt wirkt ein solches Verhalten sehr negativ, da die meisten Menschen sich nicht gerne dominieren und zu etwas drängen lassen – und nicht wiederkommen, wenn sie eine entsprechende Erfahrung machen mussten.

Mein Programm zeigt Ihnen, wie Sie die Wünsche Ihrer Kunden erkennen und auf sie eingehen können. Durch ein ehrliches emotionales Engagement entsteht Vertrauen – und dauerhafte Bindungen entwickeln sich. Wenn ein Kunde eine Kaufentscheidung völlig frei treffen kann und bei der Entscheidung unterstützt wird, die für ihn richtig ist, wächst seine Treue zu Ihrem Unternehmen erheblich. Ein positiver Nebeneffekt ist Ihr eigenes gutes Gefühl, wenn Sie Ihren Kunden wirklich weiterhelfen können – und mit diesem guten Gefühl werden Sie auch bei Ihren nächsten Kunden oder Klienten erfolgreich sein.

Vierter Schritt: Die Begegnung nachbereiten

Viele Menschen glauben, eine Begegnung sei beendet, wenn sie sich von einem Kunden oder Klienten verabschiedet haben. Psychologisch betrachtet, gehört zu jeder erfolgreichen Begegnung allerdings eine wichtige abschließende Phase, in der man den Kontakt nachbereitet.

Sie werden Schritt für Schritt lernen, in dieser vierten Phase gezielt innezuhalten und Ihre innere Absicht zu stärken, regelmäßig an den anderen zu denken. Sie können positive Aspekte der Begegnung erneut durchleben und sich auf den ehrlichen Wunsch konzentrieren, den anderen Menschen wieder zu treffen. Darüber hinaus können Sie die Erinnerung vom Kurzzeitgedächtnis ins Langzeitgedächtnis übertragen und somit bewusst eine dauerhafte Verbindung zu diesem Menschen aufbauen.

⇨ Ein zentrales Element für die erfolgreiche Anwendung unserer Methode ist die Fähigkeit, sich von negativen Urteilen zu lösen und den anderen so zu akzeptieren, wie er ist – denn Ihre Gedanken über einen anderen Menschen haben tatsächlich eine Wirkung auf diesen.

Die beeindruckenden Ergebnisse der Untersuchungen an der Universität von Princeton im Rahmen der so genannten Princeton Engineering Anomalies Research haben wissenschaftlich belegt, dass das, was man über jemanden denkt, dessen Eindrücke und Emotionen beeinflussen kann – sogar aus der Distanz.

Daher sollten Sie als Repräsentant eines Unternehmens vor, während und nach einer geschäftlichen Begegnung eine positive Einstellung gegenüber Ihrem Kunden bewahren. Andernfalls können negative Gedanken und Gefühle die Erfahrung des Kunden beeinträchtigen. Wenn Sie innehalten und mit positivem Gefühl an Ihren Kunden denken, wird dieser indirekt dazu ermuntert, wiederzukommen.

Erfahrungspsychologie

Die Geschäftswelt hat mittlerweile einen beeindruckenden Wendepunkt erreicht, an dem Führungskräfte erkennen, dass die emotionale Erfahrung von Kunden oder Geschäftspartnern bei einer Begegnung eine mindestens ebenso große Rolle spielt wie das Produkt selbst. In vielen Bereichen bieten immer mehr Unternehmen gleiche Produkte oder den gleichen Service an. Das hat zur Folge, dass die Unternehmen über ephemerische Verkaufsvariablen nachdenken müssen – wie zum Beispiel die »Kundenerfahrung«.

Dieser Begriff wird heutzutage häufig verwendet, aber meistens in einer oberflächlichen Weise. Ich möchte Ihnen in diesem Buch vermitteln, worum es bei der »Kundenerfahrung« wirklich geht; wir müssen erkennen, dass sie logischerweise sehr stark von der Erfahrung des Verkäufers abhängt.

⇨ Wenn Mitarbeiter, die im Verkaufs- oder Servicebereich eines Unternehmens tätig sind, sich wirklich gut fühlen, werden die Kunden sich gerne auf die herzliche Begegnung einlassen, zu der sie eingeladen werden.

Wenn die Mitarbeiter sich allerdings schlecht oder deprimiert fühlen, wenn sie verärgert oder gelangweilt sind, nehmen die Kunden eine negative emotionale Atmosphäre wahr – und werden nicht wiederkommen wollen. Aufgrund dieser Tatsache achten Arbeitgeber heute sehr auf die Stimmungen und Einstellungen ihrer Angestellten.

Bisher waren Arbeitgeber der Meinung, dass sie kein Recht haben, in die Gefühlswelt ihrer Angestellten einzudringen. Wie bei der Religions- oder Meinungsfreiheit hatten diese ein Recht auf ihre eigenen Gefühle – solange diese ihre Arbeit nicht beeinträchtigten. Mittlerweile hat man jedoch ekannt, dass die Gemütsverfassung eines Mitarbeiters fast immer einen positiven oder negativen Einfluss auf die Kundenbeziehung hat.

Aus diesem Grund werden heute viele Mitarbeiter dazu angehalten, ihre Emotionen in einer Weise zu kontrollieren, die der Arbeitgeber ihnen vorgibt. Andernfalls besteht die Gefahr, dass sie entlassen werden. Inwiefern unterstützt nun unsere Methode den Wunsch der Arbeitgeber, sich in die emotionale Freiheit der Angestellten einzumischen?

Wie ich Schritt für Schritt erläutern werde, sollen die grundlegenden Mind-Management- und Stimmungsmanagement-Methoden zum Vorteil der Mitarbeiter eingesetzt werden und nicht etwa als manipulatives Instrument, das ihnen aufgezwungen wird.

In jedem Abschnitt des Buches werde ich anhand von Fallstudien und Erklärungen zeigen, wie die emotionale Erfahrung von Mitarbeitern geachtet und unterstützt, keinesfalls jedoch manipuliert werden sollte. Denn nur wenn die Mitarbeiter sich emotional frei fühlen, werden sie positive Emotionen zum Ausdruck bringen, die die Kunden dazu veranlassen, gerne wiederzukommen. Um dieses zu gewährleisten, habe ich die Klausel zur »Freiheit der Mitarbeiter« eingeführt. Denn meine Methode funktioniert nur, wenn sie so eingesetzt wird, dass die Mitarbeiter sich wirklich gut fühlen. Wenn sie nur so tun, als fühlten sie sich gut, bewirkt die Methode gar nichts.

Viele Unternehmen wenden manipulative Methoden an, um »Kundenerfahrung zu erzeugen«. Dieses Buch zeigt, dass emotionale Unaufrichtigkeit nicht funktioniert – in der Regel erkennt das Herz, wann es manipuliert wird. Die meisten Kunden spüren, wenn die Gefühle der Mitarbeiter nicht echt sind. Und da der Kunde nun einmal König ist, werden manipulative Methoden zur Kundenbindung langfristig keinen Erfolg haben.

Faire, ehrliche Methoden, die auch beim Mitarbeiter gute Gefühle erzeugen, *werden* dagegen funktionieren. In diesem Buch geht es um das Grundrecht, sich bei der Arbeit gut zu fühlen. Hunderte, ja sogar Tausende von Jahren wurde Menschen die Freiheit verwehrt, Spaß bei der Arbeit zu haben.

⇨ Aufgrund der neuen kundenorientierten Anforderungen befinden wir uns heute in einer positiven Situation, in der Arbeitgeber ihren Angestellten das Recht garantieren müssen, Spaß bei der Arbeit zu haben – andernfalls werden die Kunden damit reagieren, dass sie dem Unternehmen fernbleiben.

In diesem neuen Geist, der dazu beitragen soll, dass der Arbeitsplatz ein angenehmerer Ort wird, lade ich Sie dazu ein, dieses Buch zu lesen und den neuen Prozess zu erlernen, wie Sie mehr Spaß bei der Arbeit gewinnen können – und dadurch zusätzlich erfolgreicher werden.

Geist und Herz in Einklang bringen

Bisher wurde in der Regel von uns erwartet, dass wir unsere Gefühle und unsere intuitive Spontaneität zusammen mit unserem religiösen Glauben vor der Tür ließen, wenn wir zur Arbeit kamen. Angeblich hatten vage intuitive Eingebungen und starke Emotionen am Arbeitsplatz nichts zu suchen. Je weniger Beachtung man seinen Emotionen und der eigenen intuitiven Weisheit schenkte, desto besser konnte man angeblich arbeiten und dem Unternehmen dienen.

Tatsächlich war die alte stereotype Vorstellung eines gefühllosen Unternehmensleiters und knallharten, emotionslosen Angestellten allerdings nur selten Realität. Natürlich gibt es immer wieder egoistische, rücksichtslose Mitarbeiter, aber Teamgeist und das Gefühl, mit Herz und Seele für eine Firma zu arbeiten, waren schon seit jeher die Grundlage moderner westlicher Unternehmen. Daher ist es keine neue Erkenntnis, dass freundliche, serviceorientierte Verkäufer häufig erfolgreicher sind als diejenigen, die versuchen, ihre Kunden zu manipulieren. Wir sind somit auch nicht die Ersten, die plötzlich das Herz an den Arbeitsplatz bringen. Wir rücken es lediglich in den Vordergrund.

⇨ Erst jetzt erkennt man, dass Herz und Seele, Intuition und sogar die spirituelle Weisheit ihren Platz im Geschäftsleben haben.

Unsere Aufgabe besteht darin, den emotionalen Austausch bewusst zu fördern. Allerdings kann man weder das Herz noch die Seele zu etwas zwingen. Sie entfalten sich vielmehr, wenn ein bestimmter positiver emotionaler und mentaler Zustand am Arbeitsplatz unterstützt wird.

Die meisten Menschen haben sich angewöhnt, die Aufmerksamkeit ihres Geistes während der Arbeit *nicht* auf ihr Herz und ihre Emotionen zu richten. Leider wirkt es sich in der Regel auch auf das Familienleben aus, wenn man emotionale Erfahrungen am Arbeitsplatz nicht zulässt beziehungsweise nicht zum Ausdruck bringt. Es ist an der Zeit, herauszufinden, wie bei der Arbeit ein wirklicher emotionaler Austausch stattfinden kann. Jedes Kapitel dieses Buches wird Sie Ihren eigenen Emotionen näher bringen. Sie werden lernen, diese Erfahrung auf Situationen auszudehnen, in denen Sie mit einem Kunden oder auch einem Freund zusammen sind, sodass der andere das Gefühl hat, mit einem einfühlsamen Menschen zusammen zu sein, mit dem er entspannen und den gegenwärtigen Moment genießen kann.

Ihr langfristiger beruflicher Erfolg wird von Ihrer Fähigkeit abhängen, jeweils vor, während und nach einer geschäftlichen Begegnung die Gefühle Ihres Herzens sowie Ihre tiefe intuitive Weisheit mit Ihrem Verstand in Einklang zu bringen. Wir werden in diesem Buch erkunden, wie man Herz und Geist bewusst vereinigen und gemeinsam als große Kraft erleben kann.

In schwierigen Situationen freundlich und gelassen bleiben

Unsere Methode umfasst zwei recht unterschiedliche Aspekte: Zunächst erlernen Sie spezielle Techniken, mit denen Sie Ihre Emotionen kontrollieren und innerlich positiv gestimmt bleiben können. Darüber hinaus lernen Sie, erfolgreich mit Kunden umzugehen, die mit ihrer eigenen schlechten Laune auf Sie einwirken. Allzu häufig gelingt es Kunden und Klienten, auf negative Weise einen emotionalen Nerv bei uns zu treffen und eine Reaktion bei uns zu provozieren, die die Atmosphäre in dem Moment weiter verschlechtert. Wir alle wissen, wie es ist, von einem verärgerten Kunden verbal angegriffen oder von einem schlecht gelaunten Geschäftspartner heruntergezogen zu werden. Und wir wissen, wie es sich anfühlt, wenn man sich von der Nervosität und Unsicherheit eines Kollegen anstecken lässt. Wie können wir die hohe Kunst meistern, den anderen emotional aufzubauen, anstatt uns von seiner negativen Stimmung beeinträchtigen zu lassen?

⇨ In jeder der vier Phasen werden Sie lernen, sich auf einen schlecht gelaunten Menschen vorzubereiten und auf positive Weise mit seiner Negativität umzugehen.

Häufig werden Ihre treusten Kunden diejenigen sein, die niedergeschlagen oder schlecht gelaunt in Ihr Unternehmen kamen und dann erlebten, wie sich ihre Stimmung durch den Umgang mit Ihnen hob. Wenn es Ihnen gelingt, die Laune von Kunden zu verbessern, die sich nicht gut fühlen, werden diese Ihnen besonders dankbar sein und häufig wieder kommen.

Sie werden daher spezielle Tricks und Methoden erlernen, um sich nicht von Kunden beeinträchtigen zu lassen, die in ihrer eigenen Negativität gefangen sind. Ich werde Ihnen Übungen zeigen, mit deren Hilfe Sie im Laufe der Zeit eine größere innere Stärke aufbauen können, sodass Sie gegen die schlechte Laune anderer gewappnet sind. Wenn Sie nicht auf solche Stimmungen reagieren, sondern sie einfach akzeptieren, geben Sie dem betreffenden Menschen Raum, sich zu erholen und sich besser zu fühlen. Letztlich ist dies ein Geschenk, das man einem Freund macht. Es ist an der Zeit, am Arbeitsplatz das psychologische »Prinzip des besten Freundes« anzuwenden.

Die praktische Umsetzung

Doch nun genug der einführenden Worte. Dies ist ein praktisches Buch und kein theoretischer Text! Wir werden uns nun auf einen angenehmen Lernprozess vorbereiten, mit dem Sie die Methode meistern werden. Die folgenden Punkte werden uns dabei als Grundlage dienen:

Die Geschäftslogik ist klar

Der wichtigste Faktor am Arbeitsplatz ist die Kundenbindung. Daher müssen wir unsere natürliche menschliche Fähigkeit fördern, uns emotional auf jeden neuen Kunden einzulassen, und mithilfe ehrlich gemeinter Freundlichkeit und gutem Service eine dauerhafte und ausbaufähige Kundenbeziehung aufbauen.

Es gibt eine wirksame Methode

In diesem Buch werden Sie den psychologischen Prozess erlernen, der Sie in die Lage versetzt, Ihre gefühlsbedingten Entscheidungen zu erkennen und Ihre Aufmerksamkeit auf Ihre positiven Emotionen zu richten. Darüber hinaus werden Sie lernen, diesen emotionalen Umschaltprozess inmitten Ihres hektischen Arbeitslebens zu meistern sowie Geist und Herz miteinander in Einklang zu bringen, sodass Sie bei der Arbeit als »ganzer« Mensch wahrgenommen werden. Auf diese Weise werden Sie in der Lage sein, ehrliche Freundschaften zu schließen und ganz für Ihre Kunden da zu sein.

Die nötigen Hilfsmittel stehen Ihnen zur Verfügung

Mithilfe der hier vorgestellten Methode wird es Ihnen bald gelingen, Herz und Verstand optimal miteinander zu verbinden.

Die Motivation ist groß

Wir alle wünschen uns Erfolg bei der Arbeit. Darüber hinaus wünschen wir uns, dass die Arbeit uns Spaß macht, und wir möchten das Gefühl haben, etwas Nützliches in der Welt zu tun. Meine Methode lässt sich einfach erlernen. Sie werden jeden Übungstag genießen – und wenn Sie das Gelernte anwenden, werden Sie feststellen, dass Sie bei der Kundenbindung immer erfolgreicher werden und somit auch bessere Verkaufszahlen erzielen.

Nun wünsche ich Ihnen viel Spaß mit diesem Buch. Lernen Sie, sich bei der Arbeit zu befreien. Und während Sie sich befreien und einen besseren Zugang zu ehrlich empfundenen Emotionen erhalten, können Sie beobachten, wie Ihr Erfolg wächst.

Erster Schritt

Sich auf eine Begegnung vorbereiten

1

Vom Kopf aufs Herz umschalten

In den frühen Jahren seines Berufslebens besaß George auf seinem Gebiet ein geradezu »magisches Verkaufstalent«, um das seine Kollegen ihn beneideten. George arbeitete als Vertreter bei einer Krankenversicherung. Er hatte eine natürliche charismatische und dominante Art und war gleichzeitig zuversichtlich und erfolgreich. Er konnte potenzielle Kunden elegant, aber bestimmt dazu bringen, einen Vertrag bei ihm abzuschließen. Aber als sich der Markt veränderte und größerer Wert auf eine positive Kundenerfahrung und langfristige Zufriedenheit gelegt wurde, schloss George weniger Verträge ab, die Kundentreue ließ nach und es kam seltener zu Vertragsverlängerungen. Irgendetwas funktionierte bei seiner Verkaufsstrategie nicht mehr.

Die Versicherungsgesellschaft begann, kurze Umfragen zur Kundenzufriedenheit durchzuführen – und erhielt zahlreiche Beschwerden über George, die sich auf seine manipulative Gesprächsführung bezogen. Die Kunden sagten George nicht direkt ins Gesicht, dass sie sich zu sehr von ihm bedrängt fühlten und seine aufgesetzte Freundlichkeit ihnen unangenehm war, doch die Ergebnisse der Umfrage waren eindeutig. Die Kunden reagierten negativ auf seine beherrschende Taktik, mit der er versuchte, einen Vertrag unter Dach und Fach zu bringen, und wollten sich beim nächsten Mal lieber an ein anderes Unternehmen oder einen anderen Versicherungsvertreter wenden – es sei denn, George lernte, mehr auf sie einzugehen und ihnen ehrlicher zu begegnen.

Als er die Ergebnisse der Umfrage erfuhr, wusste George nicht mehr weiter. Seine alte manipulative Verkaufstaktik funktionierte nicht mehr – und er hatte keine Idee, was er tun konnte, um den Kunden ehrlicher und freundlicher zu begegnen. Wie so viele Menschen hatte er das Gefühl, ein Sklave seiner eigenen Stimmungen und Prägungen zu sein. Als ich begann, mit ihm zu arbeiten, wusste er nicht, dass er die Kraft hatte, auf eine ehrlichere Präsenz umzuschalten – ob bei einem Verkaufsgespräch oder in privaten Beziehungen. Sein Vater war ein erfolgreicher Vertreter gewesen und George hatte seine Art einfach übernommen. Daher fühlte er sich anfangs natürlich angegriffen. Er war niedergeschlagen und verzweifelt – und auch verärgert. Er hatte das Gefühl, abgeurteilt und nicht akzeptiert zu werden, und so nahm er während unserer ersten Sitzung eine Verteidigungshaltung ein.

Doch dann erkannte er, dass seine Situation nicht so schlimm war, wie er gedacht hatte. Als er von den kognitiven Umschalttechniken erfuhr, die ihn in die Lage versetzen würden, seine Verkaufserfolge neu anzukurbeln und anderen Menschen gleichzeitig gut gelaunt und mit ehrlicher Freundlichkeit zu begegnen, wurde er rasch aktiv und begann meine Methode anzuwenden.

Bereits nach drei Übungswochen stellte George fest, dass sein Leben sich in eine positive Richtung entwickelte, und das nicht nur bei der Arbeit. Auch die Beziehung zu seiner Frau und seinen beiden Söhnen sowie zu anderen nahe stehenden Personen verbesserte sich merklich.

⇨ So entdeckte George seine Fähigkeit, stärker aus dem Herzen heraus zu handeln und mit ehrlicheren Gefühlen auf andere Menschen zuzugehen. Seine wahre Kraft bestand nicht darin, andere auf egoistische Weise zu manipulieren, sondern darin, mit ihnen zusammenzuarbeiten, ihre Bedürfnisse herauszufinden und sein Möglichstes zu tun, um sie ihnen zu erfüllen.

Wenn wir in unserem Leben anhaltend positiv gestimmt und auf ehrliche Weise freundlich und hilfsbereit sein wollen, dürfen wir nicht versuchen, andere zu manipulieren. Wir müssen unsere Aufmerksamkeit vielmehr darauf verlagern, bewusst an jedem neuen Moment teilzunehmen. Darum geht es beim Empathie-Training. In diesem Kapitel beginnen wir mit dem ersten Schritt des Prozesses. Dabei lernen Sie, Ihre Gedanken und Stimmungen bewusst zu kontrollieren, bevor Sie sich in eine Verkaufs-, Dienstleistungs- oder Teamworksituation begeben. So stellen Sie eine innere Verbindung zu den positiven Gefühlen in Ihrem Herzen her und erwecken Ihre empathischen Kräfte.

Sie benötigen dazu lediglich die grundlegenden kognitiven Instrumente und natürlich etwas Übung. Wenn möglich, sollten Sie in den nächsten Wochen täglich zehn Minuten lang konzentriert üben. Auf unserer Internetseite finden Sie außerdem ein Programm, das Sie bei Ihrer täglichen Empathie-Fitness-Übung unterstützt. Wenn Sie mit dieser Methode arbeiten, werden Sie bereits in den ersten Wochen positive Ergebnisse erzielen. Und während Sie den Prozess immer besser meistern, wird Ihr gesamtes Leben heiterer und erfolgreicher werden.

Was ist Empathie?

In der Geschäftswelt wird der Begriff Empathie recht locker verwendet. Laut Wörterbuch stammt das Wort vom griechischen Begriff *Empatheia*, Einfühlung, beziehungsweise *empathes*, leidenschaftlich, ab: Es handelt sich um »die Befähigung, andere Menschen zu verstehen, wahrzunehmen, sich in sie hineinzuversetzen und ihre Gefühle, Gedanken und Erlebnisse nachzuempfinden«.

Beachten Sie bitte, dass die Empathie keine Vorstellung ist, sondern eine »Handlung«, bei der Sie die Präsenz und die Gefühle eines anderen Menschen in Ihrem eigenen emotionalen System erleben. Diese Erfahrung wird dadurch hervorgerufen, dass Sie sich der Gedanken und Emotionen des anderen im gegenwärtigen Moment bewusst sind.

⇨ Anstatt bei einer Begegnung mit einem anderen Menschen zu stark auf Ihre eigenen Gefühle und Gedanken fixiert zu bleiben, verlagern Sie Ihre Aufmerksamkeit auf die Präsenz Ihres Gegenübers.

Wenn Sie jemandem also auf einfühlsame Weise begegnen möchten, sollten Sie sich vorher darauf vorbereiten, damit Sie in der richtigen Gemütsverfassung sind und aufmerksam wahrnehmen können, was Ihr Gegenüber im Moment der Begegnung empfindet. Wenn Sie zum entsprechenden Zeitpunkt ohnehin in einem empathischen Zustand sind, müssen Sie sich nicht extra vorbereiten – aber die meisten von uns sind in der Regel in einer ganz anderen Verfassung. Meistens sind wir mit unseren eigenen Gedanken und Emotionen beschäftigt und schenken unserer Umgebung wenig Beachtung.

Wir wollen nun genauer untersuchen, was es bedeutet, freundlich zu sein, da dieser Begriff häufig synonym mit dem Wort »empathisch« verwendet wird. Das Wörterbuch sagt uns Folgendes dazu: Freundlich zu sein bedeutet »Interesse und Wohlgesonnenheit zum Ausdruck zu bringen; nicht feindlich; fröhlich; zuvorkommend; einem guten oder hilfreichen Zweck dienen«. Auch hier ist die klare Absicht erkennbar, das Bedürfnis eines anderen Menschen wahrzunehmen und ein positives, freundliches Interesse an seinem Wohlergehen zum Ausdruck zu bringen.

Besonders im Verkaufs- und Dienstleistungsbereich deuten die Begriffe *freundlich*, *empathisch* und *bereit zu dienen* auf den grundlegenden Bewusstseinszustand hin, der Kunden und Klienten das Gefühl vermittelt, akzeptiert, verstanden und gut betreut zu werden. Das Ziel jedes erfolgreichen Unternehmens ist es, den Kunden einen freundlichen Service zu bieten. Aber die zentrale Frage bleibt bestehen: Wie können Sie vor einer Situation, in der Sie einen freundlichen Service bieten möchten, dafür sorgen, dass Sie in einer optimalen inneren Verfassung sind und dem anderen mit ehrlicher Freundlichkeit und Hilfsbereitschaft begegnen werden?

Die vier Empathie-Variablen

Aus psychologischer Perspektive können wir diese Frage nun klar beantworten und folglich kognitive Techniken entwickeln, mit deren Hilfe wir unsere Stimmungen kontrollieren können. Sobald Sie die grundlegende Logik meines Programms verstanden haben, werden Sie die Methode mühelos anwenden können.

Sie werden feststellen, dass jede der folgenden inneren Variablen davon abhängt, wie Sie Ihre Aufmerksamkeit in jedem Moment steuern. Die Kraft Ihrer Aufmerksamkeit ist ein mentales Instrument, das stets zu Ihrer Verfügung steht. Sie können damit Ihre innere Kraft kontrollieren und sie nach Belieben auf etwas ausrichten.

⇨ Wenn Sie Ihre Aufmerksamkeit in eine optimale Richtung lenken (etwa auf den gegenwärtigen Moment, auf gute Gefühle in Ihrem Herzen oder auf positive Empfindungen gegenüber anderen Menschen), schalten Sie auf eine freundliche, hilfsbereite Stimmung um, auf die andere Menschen sofort reagieren und für die sie Ihnen dankbar sein werden.

Im Folgenden möchte ich Ihnen nun die vier Schlüsselelemente für einen einfühlsamen emotionalen Austausch vorstellen.

Konzentrieren Sie sich auf den gegenwärtigen Moment

Die meisten Menschen richten ihre Aufmerksamkeit vorwiegend auf ihre eigenen Gedanken, Vorstellungen, Sorgen, Träume, Erinnerungen, Strategien und so weiter – und all diese mentalen Funktionen lenken die Aufmerksamkeit vom gegenwärtigen Moment ab. Wenn Sie sich nicht auf den gegenwärtigen Moment konzentrieren, können Sie Ihre Kunden nicht aufmerksam wahrnehmen – und sind daher leider nicht in der Lage, ganz auf sie einzugehen. Das wirkt sich natürlich auf die Kundenzufriedenheit aus.

Daher müssen Sie als Erstes stets dafür sorgen, dass Sie sich im »Hier und Jetzt« befinden, indem Sie einen einfachen, aber wirksamen mentalen Umschaltprozess durchmachen. Durch diesen Prozess werden Sie ganz in den gegenwärtigen Moment versetzt, in dem alle Erfahrungen und alle Kommunikation stattfinden.

Konzentrieren Sie sich auf Ihr Herz

Aus zahlreichen Gründen sind die meisten Menschen in unserem Kulturkreis in der Regel nicht auf die Gefühle in ihrem Herzen ausgerichtet. Sie konzentrieren sich auf die Gedanken und Bilder, Erinnerungen und Vorstellungen, die ständig durch ihren Geist strömen. Wenn Sie nicht ler-

nen, rasch vom Kopf auf das Herz umzuschalten, werden Ihre Kunden eine mangelnde emotionale Wärme bei Ihnen wahrnehmen und entsprechend darauf reagieren. Solange Sie Ihre Aufmerksamkeit nicht auf Ihr Herz richten, empfinden andere Menschen Sie im jeweiligen Moment als »herzlos« – und das hat ernsthafte Auswirkungen auf die Kundenerfahrung und die Kundenbindung.
Vor der Begegnung mit Kunden, Klienten oder anderen wichtigen Menschen in Ihrem Leben sollten Sie daher eine Methode anwenden, die Ihre Aufmerksamkeit unmittelbar von Ihrem Kopf auf Ihr Herz lenkt. Dieser Prozess wird es Ihnen ermöglichen, einen positiven Kontakt zu anderen Menschen aufzubauen.

Konzentrieren Sie sich darauf, sich gut zu fühlen

Studien haben gezeigt, dass die meisten Menschen sich in der Regel nicht darauf ausrichten, sich im gegenwärtigen Moment gut in ihrem Körper zu fühlen. Sich gut zu fühlen ist eine bewusste Entscheidung, und wenn wir die Gewohnheit haben, uns auf unangenehme Gefühle und beunruhigende Vorstellungen zu konzentrieren, halten wir uns selbst in diesen negativen Emotionen gefangen. Und eines ist klar: Wenn wir uns schlecht fühlen, können wir auch andere Menschen nicht dabei unterstützen, sich gut zu fühlen.

Nehmen Sie daher vor geschäftlichen und privaten Begegnungen bewusst von negativen Gefühlen Abstand und fühlen sich stattdessen einfach gut.

In manchen Situationen gelingt es uns natürlich nicht, sofort umzuschalten. Doch Sie werden überrascht sein, wie leicht Sie sich dafür entscheiden können, sich gut zu fühlen, und dann tatsächlich fast augenblicklich auf gute Gefühle umschalten. Sie müssen lediglich erkennen, dass

Sie die Wahl haben, Ihre Aufmerksamkeit auf unangenehme oder angenehme Gefühle zu lenken, und dann den mentalen Umschaltprozess durchführen, mit dem Sie diese Entscheidung umsetzen können.

Konzentrieren Sie sich auf Ihre positive Absicht

Die Absicht ist Ihre kognitive Aussage darüber, was Sie in einem bestimmten Moment Ihres Lebens erreichen möchten. Die meisten Menschen bleiben sich ihrer Absicht jedoch nicht über einen längeren Zeitraum bewusst. Wenn Ihre gewohnte Absichtserklärung – die oft unbewusst und überholt ist –, nicht zu einer bestimmten Situation passt, werden Sie nicht in der Lage sein, die sich bietenden Gelegenheiten beim Schopf zu ergreifen. Vor allem wenn Ihre Absicht darin besteht, einen anderen Menschen zu manipulieren, anstatt ihm zu helfen, wird Ihr Empathie-Quotient stark absinken und Ihr Gegenüber wird negativ auf Sie reagieren.

Formulieren Sie vor einer Begegnung bewusst Ihre positive Absicht, um sich darauf auszurichten, was Ihnen in dieser Situation am dienlichsten ist.

Spezielle kognitive Instrumente

Wie können Sie nun aber tatsächlich lernen, die Aufmerksamkeit Ihres Geistes neu auszurichten und dadurch Ihre Emotionen in eine positive Richtung zu lenken und eine geschäftliche Begegnung optimal zu gestalten? Die kognitive Wissenschaft hat diesbezüglich einen neuen Ansatz zur Steuerung des Geistes entwickelt. Es gibt äußerst wirksame »Fokussätze«, die sich hierbei einsetzen lassen und die ich Ihnen vorstellen werde. Einige stammen aus meinen Basisprogrammen zum Mind-Management und einige wurden speziell entwickelt, um den Empathie-Akku aufzuladen. Ihre Aufgabe besteht darin, diese Absichtserklärungen auswendig zu lernen und sie vor und während einer Begegnung einzusetzen.

Ein plastisches Beispiel soll diesen Ablauf veranschaulichen: Wenn Sie ein Hungergefühl in Ihrem Bauch bemerken, veranlasst diese körperliche Erfahrung Ihren Geist fast immer dazu, darüber nachzudenken, wie sich der Hunger stillen lässt. Verschiedene Gedanken und Vorstellungen kommen Ihnen in den Sinn, und bald entsteht eine klare Absicht, sodass der Geist zu sich selbst sagt: »Ich möchte aufstehen, in die Küche gehen und mir ein Sandwich holen.« Sobald der Geist diese Absicht zum Ausdruck gebracht hat, reagiert Ihr Körper darauf. Sie werden aktiv, um Ihre Absicht umzusetzen.

Das gleiche Prinzip gilt für alles, was Sie im Leben tun. Abgesehen von den meisten elementaren physiologischen Funktionen geht allen Handlungen ein flüchtiger Gedanke, eine Absichtserklärung voraus, die Sie dazu veranlasst, aktiv zu werden, um etwas Bestimmtes zu erreichen. Natürlich trifft all dieses auch auf den geschäftlichen Bereich zu.

⇨ Daher lautet mein Motto stets:
Sagen Sie es – tun Sie es! Bringen Sie Ihre Absicht klar zum Ausdruck und erlauben Sie den Worten dann, Ihre Aufmerksamkeit neu auszurichten und Sie aktiv werden zu lassen, sodass Sie Ihr Ziel erreichen.

Mit welchen Worten bringen Sie Ihre Absicht am besten zum Ausdruck, wenn Sie sich auf die Begegnung mit Kunden oder anderen Menschen vorbereiten? Eine positive Kundenerfahrung ist die Voraussetzung für zufriedene und treue Kunden, daher könnte die Absichtserklärung folgendermaßen lauten: »Ich bin bereit, freundlich und gut gelaunt zu sein, dem anderen zuzuhören, ohne ihn zu manipulieren, und ihm dabei zu helfen, seine Bedürfnisse zu erfüllen.«

Wenn Sie nur zehn Sekunden Zeit haben, um sich auf eine Begegnung vorzubereiten, sollten Sie sich diesen wirksamen Satz ins Gedächtnis rufen. Sprechen Sie ihn sich selbst vor und bewahren Sie ihn während der Begegnung im Bewusstsein:

- »Ich bin bereit, freundlich und gut gelaunt zu sein, dem anderen zuzuhören, ohne ihn zu manipulieren, und ihm dabei zu helfen, seine Bedürfnisse zu erfüllen.«

Wichtig ist, stets daran zu denken, dass die Fokussätze ihre wahre Kraft erst entfalten, wenn Sie den Gedanken nicht nur denken, sondern die Worte wirklich »zu sich selbst sagen«. Auf diese Weise bleiben die Worte nicht nur ein geistiger Gedanke, sie verwandeln sich vielmehr in eine physische Aktion. Sie müssen die Worte dabei nicht laut aussprechen. Am besten ist es, wenn Sie den Satz so »zu sich selbst« sagen, dass Sie die Worte auf Ihren Lippen, mit Ihrer Zunge und in Ihrem Hals spüren, ohne sie jedoch hörbar auszusprechen.

Wenn Sie auf einen anderen Menschen zugehen, ohne zuvor Ihre Absicht zu klären, ist die Wahrscheinlichkeit groß, dass Sie andere Gedanken im Kopf haben – und diese werden die Qualität der Begegnung beeinflussen. Bei Geschäftsbeziehungen ist es sogar gefährlich, Ihre Absicht von Ihrem unbewussten Geist bestimmen zu lassen. Allzu häufig lauern negative Gedanken in unserem Hinterkopf, die uns nur halb bewusst sind und die unsere Handlungsweise und emotionale Präsenz im entsprechenden Moment negativ beeinträchtigen können.

Daher konzentrieren wir uns in diesem Buch so stark auf den bewussten Einsatz der neuen kognitiven Instrumente vor, während und nach einer Begegnung. So können Sie Ihre Absicht kontrollieren und Ihre Aufmerksamkeit gezielt dorthin lenken, wo sie Ihnen (und Ihrem Gegenüber) am dienlichsten ist.

Im Folgenden möchte ich Ihnen die Fokussätze zu den vier zentralen Empathie-Variablen vorstellen. Diesen Fokussätzen liegen zahlreiche psychologische Untersuchungen zugrunde. Sie brauchen die komplexe Dynamik dieser Methode nicht zu verstehen, um ihre Wirkung voll und ganz für sich nutzen zu können. Es ist wie beim Autofahren – auch dabei müssen Sie nicht verstehen, wie der Motor Ihres Autos funktioniert, um den Schlüssel im Zündschloss drehen und losfahren zu können.

⇨ Sie werden die Kraft der Fokussätze sofort spüren, wenn Sie diese auswendig lernen und dann bei der Arbeit oder in irgendeiner anderen Situation anwenden, in der Sie mit anderen Menschen zu tun haben. **Sagen Sie es – tun Sie es!**

1. Den Fokus auf den gegenwärtigen Moment richten

Wenn Sie meine früheren Bücher gelesen haben, kennen Sie bereits die grundlegende Technik, um sich im gegenwärtigen Moment innerlich zu sammeln. Ich wiederhole stets diesen »Atem-Anker-Prozess«, egal um welches spezielle Thema es geht – denn es gibt nun einmal keine andere Methode, die so effektiv und einfach ist wie diese. Wenn Sie diese kurze Methode schon erlernt haben, können Sie die nächsten Abschnitte überfliegen. Aber wenn

Sie ihr zum ersten Mal begegnen, sollten Sie sich intensiv damit befassen und lernen, diese zentrale Mind-Management-Technik zu beherrschen.

Psychologisch betrachtet, verfügt Ihr Geist über verschiedene Funktionsweisen, die sich stark voneinander unterscheiden. Sie können stets grundsätzlich entscheiden, auf welchen Bewusstseinsmodus Sie sich in einem bestimmten Moment konzentrieren wollen.

1. Sie können sich auf die **Vergangenheit** ausrichten. Dabei fallen Ihnen alle möglichen Erinnerungen ein, die Sie in Ihrem Leben angesammelt haben, und Sie erleben sie erneut.

2. Sie können sich auch auf die **Zukunft** ausrichten. Dabei stellen Sie sich alle möglichen Dinge vor, die Ihnen passieren könnten, malen sich Fantasiewelten aus oder geben sich Tagträumen hin.

3. Sie richten sich auf **reine Gedanken** aus und verlieren sich in einem abstrakten Denkmodus, der sich außerhalb der Raum-Zeit-Dimension befindet.

4. Sie können sich ebenfalls auf die **Erfahrung im gegenwärtigen Moment** ausrichten, die als sinnliches, erfahrbares Ereignis in Ihrem Körper und Ihren Emotionen stattfindet.

Ich beurteile nicht, welcher dieser vier Bewusstseinsmodi am besten ist. Wir benötigen sie alle gleichermaßen, um ein ausgewogenes Leben zu führen. Aber wenn es an der Zeit ist, sich auf eine Begegnung mit einem anderen Menschen einzulassen, sollten Sie bewusst auf den gegenwärtigen Moment umschalten und Ihre körperliche Wahrnehmung auf das Hier und Jetzt richten – denn sonst sind Sie für den anderen »nicht da«.

Sie kennen sicherlich das unangenehme Gefühl, mit jemandem zu tun zu haben, der vorwiegend in seinen eigenen Gedanken und Erinnerungen festhängt. Achten Sie daher besonders darauf, sich selbst nicht so zu verhalten.

Entschließen Sie sich vielmehr dazu, Ihr Bewusstsein kurz vor sowie während einer Begegnung ganz auf den gegenwärtigen Moment zu richten! Ich habe mich nicht nur intensiv mit wissenschaftlichen Untersuchungen über die Ausrichtung auf den »gegenwärtigen Moment« befasst, sondern auch mit alten meditativen Techniken. Überall auf der Welt haben Kulturen großen Wert auf Methoden gelegt, die uns helfen, unser Bewusstsein auf den gegenwärtigen Moment zu richten.

⇨ Warum gibt es diese universelle Ausrichtung auf den gegenwärtigen Moment? – Es liegt daran, dass tatsächlich alles, was in unserem Leben geschieht, im gegenwärtigen Moment passiert.

Durch Ihre sinnliche ganzkörperliche Wahrnehmung des Hier und Jetzt empfangen Sie ausnahmslos alle Eindrücke, die Sie mit der äußeren Welt verbinden. Wenn Sie einem Menschen begegnen und sich nicht auf seine Präsenz im Hier und Jetzt einlassen, werden Sie die meisten Hinweise darüber, wer er ist, wie er sich fühlt, was er denkt und wie seine Bedürfnisse aussehen, nicht mitbekommen. Und wenn Sie diese Hinweise nicht wahrnehmen, werden Sie nicht in der Lage sein, darauf zu reagieren und für den anderen da zu sein – so einfach ist das.

Wie kann man sich also rasch auf den gegenwärtigen Moment ausrichten? Im folgenden Absatz sind die wichtigsten Ergebnisse aus 30 Jahren Forschung zusammengefasst. Sie müssen Ihre Aufmerksamkeit gezielt auf das unmittelbarste, konstante sinnliche Ereignis richten, das hier im gegenwärtigen Moment abläuft – Ihre eigene Atmung –, und vorwiegend darauf konzentriert bleiben. Dann dehnen Sie Ihr Bewusstsein aus, sodass es alles mit einschließt, was um Sie herum geschieht.

Sie sollten sich bemühen, sich Ihrer eigenen Atmung bewusst zu bleiben, während Sie sich auf all die sinnlichen Eindrücke einlassen, die Sie von Ihrem Gegenüber empfangen. Damit Ihnen dies gelingt, sagen Sie sich selbst den folgenden Satz:

- »Ich spüre, wie die Luft durch meine Nase ein- und ausströmt.«

Dieser Fokussatz ist Ihr Atem-Anker. Wenn Sie Ihre Aufmerksamkeit auf das Gefühl der Luft richten, die durch Ihre Nase ein- und ausströmt, verlagert sie sich automatisch von Ihren Gedanken, Erinnerungen und Vorstellungen auf dieses elementare sinnliche Ereignis.

⇨ Sie »erwachen« im gegenwärtigen Moment und aktivieren genau die mentale Funktion, die es Ihnen ermöglicht, den anderen Menschen aufmerksam wahrzunehmen und einfühlsam auf ihn einzugehen.

Fühlen Sie sich frei, jetzt damit zu beginnen, die Aufmerksamkeit Ihres Geistes auf das Gefühl der Luft zu richten, die durch Ihre Nase ein- und ausströmt. Sagen Sie zu sich selbst: »Ich spüre, wie die Luft durch meine Nase ein- und ausströmt«, und lassen Sie die Worte ihre magische Wirkung entfalten. Während Sie die Worte sagen, werden diese Ihre Aufmerksamkeit gezielt auf die Atmung lenken. Sagen Sie es – tun Sie es.

Das Bewusstsein ist eine bemerkenswerte geistige Qualität – es ist das Zentrum unseres Seins. Wenn unser Bewusstsein ausgeschaltet ist, sind wir nicht hier. Wenn es eingeschränkt ist, sind wir kaum präsent. Aber unser Bewusstsein ist in der Lage, sich auszudehnen … und sich weiter auszudehnen … und noch weiter.

Sie kennen sicherlich das Gefühl, überaus lebendig und aufmerksam zu sein. In diesem Zustand haben Sie den Eindruck, Ihren gesamten Körper auf einmal wahrzunehmen und auf die gesamte äußere Welt ausgerichtet zu sein. In diesem erweiterten Bewusstseinszustand sind Sie bestens in der Lage, an der Welt teilzuhaben und sich selbst einzubringen. Sie sind spontan, freundlich und energievoll. Je aufmerksamer Sie sind, desto leichter können Sie sich in andere Menschen hineinversetzen. Und wenn Sie in diesem erweiterten Bewusstseinszustand sind, empfinden andere Menschen das Zusammensein mit Ihnen als angenehm und werden gerne erneut Zeit mit Ihnen verbringen.

▲ Sie können nun Ihr Bewusstsein erweitern, indem Sie mit dem Atem-Anker beginnen und Ihre Atemerfahrung dann auf Ihre Brust und Ihren Bauch ausdehnen. Sagen Sie zu sich selbst: **»Ich spüre, wie die Luft durch meine Nase ein- und ausströmt«**, und erleben Sie dies ein oder zwei Atemzüge lang. Sagen Sie dann zu sich selbst: **»Ich spüre auch die Bewegungen in meiner Brust und meinem Bauch, während ich atme.«** Ihr Bewusstsein wird sich mühelos ausdehnen, sodass Sie Ihren Kopf, Ihre Brust und Ihren Bauch gleichzeitig wahrnehmen. ▲

Das ist die Technik der Bewusstseinserweiterung in aller Kürze. Sie ist Ihr wertvollstes Instrument, um rasch einen geeigneten Begegnungsmodus zu finden. Auf einer tieferen Ebene befreien Sie sich mithilfe dieser einfachen Umschaltmethode von den üblichen Sorgen, die sich auf die Vergangenheit oder die Zukunft beziehen, sowie von manipulativen Gedanken. Sie lassen sich jetzt darauf ein, was tatsächlich in der Gegenwart geschieht. Wenn Sie von den Gedanken auf die Erfahrung umschalten, von inneren Grübeleien auf eine sinnliche Wahrnehmung, können Sie Ihr Bewusstsein stark erweitern – und damit wiederum eine Verbindung zur äußeren Welt herstellen.

Ich werde in diesem Buch häufig auf die folgende Grundaussage zurückkommen: Sie müssen vor allem darauf achten, sich vor und während einer Begegnung mit einem anderen Menschen ganz auf den gegenwärtigen Moment auszurichten. Das ist der wesentliche erste Schritt. Und wenn Sie auch nur Zeit haben, diesen ersten Schritt zu tun, wird dies bereits genügen. Seien Sie für den anderen da. Er wird es Ihnen danken!

2. Herzfokus

Sobald Sie Ihr Bewusstsein auf Ihre Atemerfahrung ausgedehnt haben, um sich stärker auf den gegenwärtigen Moment einzulassen, besteht die nächste natürliche Erweiterung darin, auch Ihre Herzerfahrung mit einzuschließen. Sie ist inmitten Ihrer Atmung zu finden. Die Empathie ist zweifellos eine Erfahrung, die im Herzen stattfindet, nicht im Kopf. Wie wir gesehen haben, handelt es sich beim Einfühlungsvermögen nicht um einen hehren Gedanken oder ein hochtrabendes Ideal. Es ist eine Erfahrung, die wir deutlich als positive Emotion in unserem Herzen spüren. Die Empathie ist eine Interaktion von Herz zu Herz, die wir mithilfe unseres erweiterten Bewusstseins im gegenwärtigen Moment erleben.

⇨ Wenn Sie also Ihre empathischen Fähigkeiten fördern möchten, sollten Sie zunächst den grundlegenden Schritt gehen und Ihre Aufmerksamkeit vom Kopf auf Ihr Herz verlagern.

Das ist gar nicht so einfach, wie es zunächst scheint; Sie müssen zwar lediglich lernen, die Aufmerksamkeit Ihres Geistes auf den Bereich Ihres Herzens zu richten und dann immer empfänglicher für die Gefühle zu werden, die Sie dort vorfinden.

Doch die Sache hat einen Haken: Die meisten Menschen haben nämlich erhebliche Schwierigkeiten, diesen scheinbar einfachen mentalen Umschaltprozess durchzuführen. Wenn es Ihnen schwer fällt, Ihr Bewusstsein auszudehnen, um auch die Gefühle in Ihrem Herzen wahrzunehmen, oder falls Ihnen dies unmöglich erscheint, geht es Ihnen so, wie dem Großteil der Menschen in unserer Zeit. Die meisten Menschen und vor allem Männer haben große Schwierigkeiten, eine Verbindung zu den Gefühlen in ihrem Herzen herzustellen. Es ist traurig, aber wahr – und es ist an der Zeit, etwas dagegen zu tun.

Ein mangelndes Herzbewusstsein beeinträchtigt nicht nur Ihr persönliches Leben. Es begrenzt zweifellos auch Ihren beruflichen Erfolg, vor allem, wenn Sie regelmäßig im Verkaufs- oder Dienstleistungsbereich zu tun haben oder häufig in einem Team arbeiten.

Das war auch Georges Hauptproblem. In gewisser Weise war er ein Macho, der sein »männliches« Auftreten von seinem Vater übernommen hatte und seine weicheren Gefühle fast vollständig abblockte. Er war hart und dominant und ließ Gefühle des Herzens nicht zu, da er dies als Schwäche ansah. In Wahrheit hatte er schreckliche Angst vor seinen tieferen Emotionen. Und das machte sich deutlich in seinem Alltag bemerkbar. Seine Frau war unglücklich, weil sie sich nicht geliebt fühlte, seine Kinder hatten das Gefühl, dass sie ihm nicht wichtig waren, und die meisten seiner Kollegen sahen ihn als kaltherzigen, rücksichtslosen Kerl, der keine Nähe zuließ und dem man besser nicht vertraute. Er konnte Menschen professionell manipulieren. Aber er war nicht in der Lage, die elementaren Voraussetzungen zu erfüllen, die für ein starkes Zusammengehörigkeitsgefühl oder tiefe Bindungen nötig waren. Stets auf den eigenen Vorteil bedacht, brachte er kein Gefühl warmherziger Anteilnahme zum Ausdruck.

Ich habe mit zahlreichen Klienten gearbeitet, die – so, wie George – nicht ernstlich neurotisch waren und keine langfristige Therapie brauchten. Sie mussten lediglich eine neue Vision für ihr eigenes Leben finden und benötigten daher die kognitiven Instrumente, um diese Vision entwickeln zu können.

⇨ Diese Vision beschreibt ein Leben, in dem man regelmäßig mit den Gefühlen im eigenen Herzen verbunden ist und auf sie eingeht.

Bei Menschen wie George sind diese Gefühle anfangs natürlich blockiert, da sie aus Angst, von negativen Emotionen überwältigt zu werden, ihre Gefühle ein Leben lang unterdrückt haben. Wenn es Ihnen schwer fällt, Ihre Aufmerksamkeit auf die Gefühle in Ihrem Herzen zu richten, auf das Empathiezentrum in Ihrem Körper, dann ist es gut möglich, dass Sie ebenfalls Angst davor haben, sich zu öffnen und zu entdecken, welche Gefühle sich dort befinden.

Aber betrachten Sie einmal einen Moment lang realistisch die Alternative. Sie wären für den Rest Ihres Lebens von Ihren eigenen Gefühlen abgeschnitten. Dies käme einer Hölle auf Erden gleich. Ich rate Ihnen, alles Erdenkliche zu tun, um sich aus dieser Situation zu befreien, wenn Sie tatsächlich darin feststecken. Ich werde Ihnen nun den grundlegenden Prozess vorstellen, mit dem Ihnen dies gelingen wird, wenn Sie ihn mehrmals täglich nur zwei Minuten lang anwenden.

▲ 1. Entspannen Sie sich einen Moment. Machen Sie es sich bequem und sagen Sie dann zu sich selbst: »**Ich spüre, wie die Luft durch meine Nase ein- und ausströmt.**« Seien Sie still und erlauben Sie diesen Worten, in Ihrem Bewusstsein zu bleiben, während sie Ihre Aufmerksamkeit auf die Erfahrung im gegenwärtigen Moment lenken, die genau jetzt mit Ihrer Atmung stattfindet.

Jedes Mal, wenn Sie diese Worte sagen und zulassen, dass sie Ihre Aufmerksamkeit neu ausrichten, werden Sie den Ablauf besser beherrschen, bis Sie den Umschaltprozess schließlich meistern.

2. Während Sie sich Ihrer Atmung weiterhin bewusst bleiben, dehnen Sie Ihr Bewusstsein aus, indem Sie zu sich selbst sagen: »**Ich spüre auch die Bewegungen in meiner Brust und meinem Bauch, während ich atme.**« Lassen Sie zu, dass die Wirkung dieser Worte eine Erweiterung Ihres Bewusstseins herbeiführt, sodass es gleichzeitig Ihren Kopf, Ihre Brust und Ihren Bauch umfasst. Diese erweiterte Erfahrung, bei der Sie »alles auf einmal« wahrnehmen, versetzt Sie ganz in den gegenwärtigen Moment.

Aus einer psychologischen Perspektive betrachtet, geschieht Folgendes, wenn Sie sich auf zwei oder mehr Wahrnehmungen gleichzeitig konzentrieren: Ihr denkender Geist kommt augenblicklich zur Ruhe. Somit erzeugt der scheinbar einfache Prozess eine erhebliche Bewusstseinsveränderung. Sie können sich nicht auf vergangenheits- oder zukunftsbezogene Gedanken konzentrieren und gleichzeitig auf sinnlich wahrnehmbare Ereignisse im gegenwärtigen Moment. Daher lösen Sie sich mit dieser Technik bewusst von Vergangenheit und Zukunft und erwachen im gegenwärtigen Moment.

3. Nun sind Sie bereit, Ihr Bewusstsein noch ein Stück zu erweitern. Sagen Sie daher, ohne zu zögern, einfach zu sich selbst: »**Ich bin mir auch meiner Gefühle im Herzen bewusst**«. Sagen Sie es – tun Sie es – und zwar auf eine sachliche Weise. Fahren Sie mit der Übung fort und achten Sie darauf, auf welche Gefühle Sie in Ihrer Herzgegend stoßen. ▲

⇨ Jedes Mal, wenn Sie diese Übung durchführen, wird es neu für Sie sein. Sie werden nie die gleiche Erfahrung zweimal machen. Die Zeit schreitet voran und jeder Moment ist einzigartig und neu. Daher werden Sie auch stets etwas Neues in Ihrem Herzen entdecken.

Versuchen Sie nicht vorauszuahnen, was Sie erleben werden, oder sich »dazu zu bringen«, etwas zu empfinden. Beobachten Sie einfach, was geschieht, und erleben Sie, wie die Kraft der Aufmerksamkeit Ihr Potenzial erweckt, mit Ihrem Herzen zu empfinden, selbst wenn Sie anfangs negative Emotionen wahrnehmen oder auch gar kein Gefühl entdecken. Wichtig ist lediglich, dass Sie den ersten Schritt machen und Ihre Aufmerksamkeit regelmäßig auf Ihr Herz richten. Wiederholen Sie diese Übung immer wieder und machen Sie sich keine Gedanken darüber, worauf Sie stoßen werden. Jedes Mal, wenn Sie in Ihr

Herz sehen, werden Sie eine kleine Veränderung wahrnehmen, neue Gefühle, die sich langsam zu entwickeln beginnen, und Schritt für Schritt werden Sie mehr Wärme, mehr Raum und Entspannung verspüren. Fixieren Sie sich nicht auf Ihr Herz – trainieren Sie lediglich die Fähigkeit, Ihre Aufmerksamkeit immer häufiger dorthin zu lenken.

⇨ Wenn Sie mehr Empathie entwickeln möchten, sollten Sie sich regelmäßig auf die Gefühle Ihres Herzens konzentrieren.

Dieses Buch wird Ihnen zeigen, wie Sie Schritt für Schritt Ihre Fähigkeit weiterentwickeln, positive Gefühle in Ihrem Herzen für sich zu nutzen. Wir werden Techniken erkunden, mit denen Sie gute Gefühle fördern, negative Emotionen heilen und grundsätzlich ein positives, energievolles Gefühl aufbauen können, egal, wo Sie sich gerade befinden. Im Moment stehen wir am Anfang dieser Reise. Beginnen Sie daher mit dem ersten Schritt und richten Sie Ihre Aufmerksamkeit regelmäßig auf Ihr Herz. Alles Weitere wird dann folgen.

⇨ Selbst während Sie diese Worte lesen, sollten Sie beobachten, was geschieht, wenn Sie sich der Luft bewusst bleiben, die durch Ihre Nase ein- und ausströmt, und auch der Bewegungen in Ihrer Brust und Ihrem Bauch, während Sie atmen – und ebenso der Gefühle in Ihrem Herzen, genau jetzt.

Trainieren Sie die Aufmerksamkeit Ihres Geistes, indem Sie sich häufig Ihrer Atmung und Herzensgefühle im gegenwärtigen Moment bewusst werden. Das ist der direkte Weg zu einem herzlichen Kontakt in jeder zwischenmenschlichen Beziehung.

3. Den Fokus auf positive Gefühle richten

Wenn Sie sich schlecht fühlen und von negativen Gedanken und Emotionen vereinnahmt sind, macht es niemandem Spaß, mit Ihnen zusammen zu sein. Aber wenn Sie sich gut fühlen, ist es eine wahre Freude, mit Ihnen zu tun zu haben. Beim Stimmungsmanagement geht es darum, zu begreifen, dass Sie selbst die Wahl haben, ob Sie sich schlecht oder gut fühlen.

Sobald Sie das erkennen, haben Sie eigentlich keine Wahl mehr. Denn wer will sich schon schlecht fühlen, wenn er auch gut gelaunt sein kann? Trotzdem sabotieren viele Menschen ihr eigenes Leben selbst, da sie nicht wissen, dass sie bewusst von negativen auf positive Gefühle umschalten können. So bleiben sie häufig in ihrer schlechten Laune gefangen und nerven ihre Mitmenschen damit.

Die Erfahrung, ob Sie sich gut oder schlecht fühlen, ist eine unmittelbare Funktion Ihres sinnlich wahrnehmenden physischen Körpers. Daher müssen Sie sich auf der Ebene sinnlicher Wahrnehmung auf den gegenwärtigen Moment konzentrieren, um sich tatsächlich gut zu fühlen.

Gleichzeitig ist es wichtig, sich daran zu erinnern, dass die meisten Emotionen nicht durch Ereignisse in unserer physisch wahrnehmbaren Umgebung hervorgerufen werden, sondern durch Gedanken und Erinnerungen, die durch unseren Geist strömen, oder durch Sorgen und Träume über die Zukunft.

⇨ Emotionen sind entweder eine Reaktion auf Ereignisse in Ihrer Umgebung oder auf Gedanken und Bilder, auf die sich Ihr Geist fixiert.

Traditionelle Therapien versuchen in der Regel, Menschen zu helfen, sich mit ihrer Vergangenheit auszusöhnen. Sie sollen sich in der Gegenwart besser fühlen, indem Sie ein tiefes Verständnis für die Vergangenheit entwickeln. Mein therapeutischer Ansatz hat sich im Laufe der Jahre in eine andere Richtung entwickelt. Meiner Erfahrung zufolge kann niemand ein Trauma aus der Vergangenheit auslöschen. Wenn ein Mensch sich davon erholt, dann deshalb, weil er aufhört, sich auf die Vergangenheit zu fixieren, und gleichzeitig lernt, sich stärker auf den gegenwärtigen Moment auszurichten.

In den letzten Jahren, in denen ich therapeutisch tätig war, habe ich mehr als Lehrer denn als Therapeut gearbeitet, da ich meinen Klienten in erster Linie die Dinge beigebracht habe, die ich auch Ihnen hier vermittle – die pragmatischen Werkzeuge, die Sie einsetzen können, um willentlich von negativen Stimmungen wie Zorn, Deprimiertheit, Angst, Verwirrung, Langeweile und Hoffnungslosigkeit auf eine produktivere und erfüllendere Gemütsverfassung umzuschalten.

⇨ Sie haben die Wahl, durch bestimmte Fokussätze zum Ausdruck zu bringen, worauf Sie die mächtige Kraft Ihrer Aufmerksamkeit richten wollen.

Wenn Sie feststellen, dass Sie sich nicht gut fühlen und auf angenehmere Gefühle umschalten möchten, sollten Sie Ihre gesamte Aufmerksamkeit auf Ihre physische Präsenz im Hier und Jetzt richten. Gehen Sie dorthin, wo die angenehmen Empfindungen zu finden sind.

Mithilfe der Fokussätze, die ich Ihnen oben vorgestellt habe, können Sie effektiv von den Gedanken auf die Erfahrung umschalten. Der folgende Fokussatz bringt deutlich Ihre Absicht zum Ausdruck, sich auf angenehme Gefühle in Ihrem Körper zu konzentrieren:

- »Ich lasse meine negativen Gefühle los und erlaube mir, mich gut zu fühlen.«

Es gibt eine Ego-Stimme in Ihnen, die ständig spricht. Sie ist häufig auf Ihre Sorgen und schlechten Erfahrungen fixiert, die negative Gefühle in Ihrem Körper hervorrufen. Die Absichtserklärungen dienen dazu, diesem chronischen negativen Geplapper entgegenzuwirken. Sie erfüllen Ihren Geist mit einem neuen, bewusst gewählten Fokus – in diesem Fall der Ausrichtung darauf, sich gut zu fühlen.

Sie haben die Wahl! Und Sie können sich bewusst entscheiden, indem Sie zu sich selbst sagen:

- »Ich entscheide mich dafür, meine negativen Gefühle loszulassen und mich darauf auszurichten, mich gut zu fühlen.«

Sagen Sie es – tun Sie es!

4. Die positive Absicht

Sie schließen Ihre Vorbereitung auf eine geschäftliche Besprechung oder auch ein privates Treffen ab, indem Sie sich in Ihrem Herzen und Ihrem Geist darüber klar werden, was Sie bei der Begegnung erreichen möchten. Sehen wir uns noch einmal das Beispiel von George an, mit dem dieses Kapitel begonnen hat. George war kein schlechter Kerl. Er war kein durchtriebener Ganove, der versuchte, seine Kunden zu übervorteilen. Sein eigenes Selbstbild war ziemlich positiv, weshalb er angesichts des negativen Feedbacks bei der Kundenumfrage so überrascht war.

Georges Problem bestand darin, dass er seine Kundengespräche mit einer überwiegend unbewussten Absicht führte – das vergiftete seine Beziehung zu seinen Klienten.

Anstatt seinen Kunden vertrauenswürdig, einfühlsam und serviceorientiert zu begegnen, hatte George die Einstellung seines Vaters verinnerlicht. Demnach war die Welt rücksichtslos, unfair und gefährlich, sodass man stets auf der Hut sein und sich den eigenen Erfolg hart erkämpfen musste, indem man stärker war als die anderen. Dabei durfte man nicht zulassen, dass einem die eigenen Gefühle in die Quere kamen.

George handelte also aus Angst und Misstrauen heraus, anstatt sich auf ein Gefühl der Empathie und des Vertrauens zu konzentrieren.

Wenn wir Georges Situation aus einer psychologischen Perspektive betrachten, erkennen wir, dass wir selbst entscheiden können, wie wir die äußere Welt wahrnehmen. Es hängt ganz davon ab, worauf wir uns ausrichten wollen – auf die negative oder auf die positive Perspektive.

Bei genauerer Betrachtung erkennen wir, dass die Entscheidung für die negative Sichtweise in den meisten Situationen keinen Sinn macht. Wer möchte sich schon ständig bedroht fühlen und anderen voller Misstrauen begegnen, wenn man sich auch sicher fühlen und dem Leben vertrauensvoll begegnen kann? Sich auf das Negative zu konzentrieren ist selbstzerstörerisch. Wir sind von Natur aus so veranlagt, dass wir das Angenehme dem Unangenehmen, das Vergnügen dem Leid vorziehen – warum sollten wir uns also nicht für die positive Sichtweise entscheiden?

⇨ Schuld daran, dass viele von uns dieses nicht tun, sind ihre Erziehung und bestimmte kulturelle Prägungen, die unser Herz und unseren Geist vergiften und uns daran hindern, ein Leben voller Vertrauen, Liebe und Spaß zu leben.

Als George sich von seiner negativen Einstellung löste und sich auf positive Fokussätze konzentrierte, die ihn in die Lage versetzten, seinen Kunden ehrlich zu begegnen, lief alles besser für ihn. Vor einem Kundengespräch sagte er zu sich selbst: »Ich habe die Absicht, freundlich und gut gelaunt zu sein, dem anderen zuzuhören, ohne ihn zu manipulieren, und ihm dabei zu helfen, seine Bedürfnisse zu erfüllen.« Auf diese Weise konnte er entspannt in die Begegnung hineingehen und sie genießen. Und da er auf die Bedürfnisse seiner Kunden eingestellt war, konnte er ihnen wirklich helfen und sogar Freundschaften schließen.

So sieht der weise Weg für alle menschlichen Begegnungen aus. Denken Sie vorher stets daran, sich auf Ihre Gefühle zu konzentrieren – falls nötig, können Sie mithilfe der erlernten Taktik Ihre Stimmung verbessern.

⇨ Auch während Sie diese Worte lesen, sollten Sie sich daran erinnern, im gegenwärtigen Moment zu bleiben, in dem das Leben tatsächlich stattfindet. Spüren Sie bewusst, wie die Luft durch Ihre Nase oder Ihren Mund ein- und ausströmt. Wenn Sie auch die Bewegungen in Ihrer Brust und Ihrem Bauch wahrnehmen, erweitern Sie Ihr Bewusstsein und schließen Ihren ganzen Körper hier in diesem gegenwärtigen Moment mit ein. Und wenn Sie Ihr Bewusstsein abermals ausdehnen, um auch die Gefühle in Ihrem Herzen einzuschließen, hilft Ihnen das, anderen Menschen auf der Herzensebene zu begegnen und gute Gefühle zu ihnen aufzubauen. Bringen Sie Ihre Absicht klar zum Ausdruck, indem Sie sagen:

- »Ich bin bereit, freundlich und gut gelaunt zu sein, dem anderen zuzuhören, ohne ihn zu manipulieren, und ihm dabei zu helfen, seine Bedürfnisse zu erfüllen.«

So werden Sie bestens auf die Begegnung vorbereitet sein.

Wenn Sie die Methoden in diesem Buch täglich anwenden, können Sie die Kraft Ihrer Aufmerksamkeit regelmäßig auf Ihr Herz richten. In ein paar Wochen werden Sie Gefühle entdecken, die Sie meistens ignoriert und verdrängt haben.

Diese Erfahrung machte auch George. Er hatte sich daran gewöhnt, die Gefühle in seinem Herzen kaum noch zu spüren. Doch als er bei der Arbeit mit dem Rücken zur Wand stand, war er motiviert, sich von seinen alten Gewohnheiten zu befreien.

Er nutzte die Kraft seiner Aufmerksamkeit, um bewusst ein neues Gefühl der Heiterkeit und Herzenswärme zu erzeugen. Mit etwas Übung begann er, neue Empfindungen in seinem Herzen wahrzunehmen. So spürte er beispielsweise eine plötzliche innere Weichheit und Wärme, wenn er mit seinen Söhnen bei einem Fußballspiel war. Wenn er mit seiner Frau schlief, überkam ihn eine ungeahnte Zärtlichkeit und Leidenschaft, und am Arbeitsplatz entwickelte er ein Gefühl der Empathie für seine Kollegen. Darüber hinaus gelang es ihm, einen herzlichen Kontakt zu seinen Kunden aufzubauen.

Sie haben nun einen Eindruck, wie Sie sich auf eine angenehme und erfolgreiche Begegnung vorbereiten können, sei es im beruflichen oder im privaten Bereich. Im nächsten Kapitel wollen wir uns mit einem weiteren Aspekt des Freundlichkeitsprinzips befassen, auf den ich auch George verwies und der ihm bei seiner persönlichen Entwicklung weiterhalf.

2

Den Empathie-Akku aufladen

In vielerlei Hinsicht war Karen das Gegenteil von George; Sie war keine Angestellte im mittleren Dienst, sondern hatte eine leitende Position in einem großen Unternehmen. Ihre Entscheidungen wirkten sich auf die Zukunft des ganzen Unternehmens aus. In gewisser Weise war auch sie im Verkaufsbereich tätig, da sie jeden Tag mit Menschen zu tun hatte und ihnen im Rahmen von Besprechungen und Sitzungen Ideen und Programme präsentieren musste. Dabei versuchte sie, ihre Ideen nicht zuletzt mithilfe ihrer Ausstrahlung und persönlichen Präsenz gut zu verkaufen.

⇨ Im Gegensatz zu George war Karen nicht gefühlskalt. Ihr Problem bestand darin, dass sie zu emotional und zu launisch war. Häufig war sie mit Gefühlen aufgeladen, die in bestimmten Situationen unangemessen waren.

Sie war ständig angespannt und verspürte oft einen inneren Groll. Regelmäßig kam sie mit Sorgen belastet in eine Sitzung. Dann wieder fühlte sie sich energielos, hatte keine Zuversicht und war den Tränen nahe.

Karen kam nicht etwa zu mir, weil ein Vorgesetzter ihre Leistungen bei der Arbeit kritisiert hatte oder weil Kunden sich negativ über sie geäußert hatten. Sie suchte mich auf, weil sie selbst erkannte, dass ihre Stimmungsschwankungen ihren beruflichen Erfolg beeinträchtigten und ihre persönlichen Beziehungen sabotierten. Zunächst lehnte sie es ab, ihre Stimmungen zu kontrollieren, da sie eine leidenschaftliche Frau war, die keine harte, gefühlskalte Person werden wollte wie so viele ihrer Kollegen. Ich erklärte ihr, dass meine Methode zur Steuerung der Stimmungen das Gegenteil bewirkt – sie würde Karen in die Lage versetzen, in jeder Situation die angemessenen Emotionen zum Ausdruck zu bringen. Wenn sie ihre Emotionen kontrollieren konnte, würde sie diese im geeigneten Moment auch besser ausleben können.

Karen ließ sich daher auf die Methode ein und begann, den »Wake-up-Prozess«, den ich Ihnen gerade vorgestellt habe, regelmäßig stündlich anzuwenden. Zunächst beklagte sie sich, dass die Methode zu einfach für sie sei und dass sie Besseres zu tun habe, als herumzusitzen und ihren Atem zu beobachten. Doch bald erkannte sie, dass es tatsächlich zu Veränderungen in ihrem Bewusstsein und ihren Emotionen kam, wenn sie konsequent übte. Sie lernte, ihre Aufmerksamkeit auf ihre Atemerfahrung in der Nase sowie in Brust und Bauch zu richten und dann auch auf die Gefühle in ihrem Herzen.

⇨ Nach etwa einer Woche gelang es ihr, mühelos umzuschalten – anstatt sich wie vorher in ihren Gedanken über die Vergangenheit oder die Zukunft zu verlieren, konnte sie nun den gegenwärtigen Moment genießen und innerlich zur Ruhe kommen.

Dieser grundlegende »Wake-up-Prozess« funktioniert in vielen Situationen sehr gut, aber Karens Stimmungsschwankungen waren tief verwurzelt. Wie die meisten Menschen trug sie eine ganze Reihe von negativen Urteilen und Überzeugungen mit sich herum, die schnell zutage traten und ihre Aufmerksamkeit wieder vom gegenwärtigen Moment fortlenkten. Es wurde Zeit für die zweite Phase des Empathie-Prozesses.

Psychologisches Judo

Bisher habe ich Ihnen gezeigt, wie Sie auf die sinnliche Wahrnehmung Ihrer physischen Präsenz im Hier und Jetzt umschalten. Sie haben gelernt, sich auf das Gefühl in Ihrer Nase, Ihrem Hals, Ihrer Brust und Ihrem Herzen zu konzentrieren. Häufig werden Sie vor einer Begegnung keine Zeit für etwas anderes haben, und diese Methode kann für sich genommen bereits Wunder wirken.

In unserem Prozess gibt es aber noch eine weitere Dimension, die Ihren Erfolg zusätzlich fördern kann. Ich habe verschiedene Aspekte dieser Technik zur Veränderung der Einstellung in vielen meiner früheren Bücher sowie in Online-Kursen beschrieben und möchte sie nun gezielt in unseren Empathie-Prozess einbringen.

⇨ Es gibt **vier** negative psychologische Gewohnheiten, die das Umschalten auf empathische Gefühle und einen warmherzigen Kontakt behindern:

Die **Fixierung auf sorgenvolle Gedanken**, die **Selbstverurteilung** und die **Beurteilung anderer** sowie das **Abblocken von emotionalen Beziehungen**.

Viele Jahre lang arbeitete ich mit komplexen Therapiemethoden, um Klienten dabei zu helfen, diese Gewohnheiten zu überwinden – bis ich schließlich feststellte, dass es einen besseren Weg gibt; anstelle von Karatetechniken sollte man eine Art psychologisches Judo anwenden. Dabei geht es um Folgendes: Für jede Stimmung und jede Emotion gibt es zwei entgegengesetzte Pole, auf die wir uns konzentrieren können. Wir sind gelangweilt oder gespannt auf etwas, besorgt oder zuversichtlich, wir beurteilen oder akzeptieren, wir sind verwirrt oder innerlich ruhig, gestresst oder ausgeglichen, deprimiert oder glücklich, böse oder freundlich, gefühlskalt oder empathisch.

Für jeden dieser mentalen beziehungsweise emotionalen Zustände gibt es sowohl negative als auch positive Gedanken. Und für jeden Zustand haben wir kurze einzeilige Aussagen verinnerlicht, die emotionale Reaktionen hervorrufen können, wenn wir uns darauf fixieren. Wir neigen dazu, zwischen solchen emotionalen Zuständen hin und her zu pendeln, je nachdem, welche Gedanken in der Regel unseren Geist erfüllen.

Diese kurze Erklärung zeigt, warum wir von Stimmungen gebeutelt werden. Wir rufen sie durch die Gedanken, Bilder und Erinnerungen hervor, die auf subtile Weise durch unseren Geist strömen. Bei der kognitiven Therapie werden die Klienten dazu angehalten, negative Einzeiler durch positivere Einzeiler zu ersetzen. Diese Technik funktioniert immer, da sie bei der Ursache des Problems ansetzt.

Das hier Beschriebene ist keine neue Erkenntnis; Yogameister verfassten bereits vor 4000 Jahren Abhandlungen über diese Realität des menschlichen Geistes.

Meine Kollegen und ich haben Einzeiler entwickelt, um den vier genannten psychologischen Gewohnheiten entgegenzusteuern. Sie können sofort damit beginnen, sie anzuwenden, um etwas gegen unangebrachte Stimmungen in einer bestimmten Situation zu tun. Diese Fokussätze bringen im Gegensatz zu positiven Affirmationen keine unrealistischen Wünsche zum Ausdruck, die sich auf irgendeine magische Weise erfüllen sollen. Stattdessen lenken sie Ihre Aufmerksamkeit in realistische emotionale Richtungen, die bereits zugänglich für Sie sind. Und wenn Sie sich auf eine solche Richtung konzentrieren, schalten Sie Schritt für Schritt auf positive Stimmungen und Erfahrungen um.

⇨ Diese Dynamik ist erwiesen – Sie bringen zum Ausdruck, auf welche Emotion oder Überzeugung Sie sich konzentrieren möchten, und Ihr Inneres wird auf Ihren Vorschlag reagieren, indem es sich in die richtige Richtung bewegt.

Wir sind frei, jederzeit zu uns selbst zu sagen:

- »Ich lasse meine negativen Gefühle los und erlaube mir, mich gut zu fühlen.«

Sagen Sie diese Worte, während Sie ruhig ausatmen. Lassen Sie beim nächsten Einatmen zu, dass die Worte in Ihrem Inneren nachklingen und ihre positive Wirkung sich entfalten kann.

Sie nutzen auf diese Weise Ihren natürlichen Wunsch, sich gut zu fühlen. Mithilfe der positiven Absichtserklärung setzen Sie die bereits vorhandene Energie ein, um sich in die gewünschte Richtung zu bewegen. Das ist der »Judo-Teil« dieses Prozesses. Sie können sich auch auf die Worte »Ich erlaube mir, mich gut zu fühlen« beschränken und diese kurze Aussage in Ihrem Inneren zur Wirkung kommen lassen.

Das Großartige dabei ist, dass tatsächlich etwas passiert, wenn Sie diese Worte zu sich selbst sagen. Wenn Sie sich selbst die Erlaubnis geben, sich gut zu fühlen, dann fühlen Sie sich vielleicht nicht sofort hervorragend – aber Sie werden sich jedes Mal ein bisschen in diese Richtung bewegen. Jedes Mal werden Sie erfolgreicher umschalten und ein Stück weiter kommen. Und wenn Sie diese kleine Veränderung zehnmal täglich erleben (jedes Mal, wenn Sie den Fokussatz sagen), werden Sie bald mehr Heiterkeit und eine neue Herzenswärme spüren.

⇨ Ich mache Ihnen keine Hoffnung auf sofortige Ergebnisse. Der Empathie-Prozess baut sich langsam auf, liefert dann aber konkrete Resultate.

Realistisch betrachtet, überwinden wir natürlich nicht plötzlich unsere gesamten negativen Einstellungen und Stimmungen und erlangen von einem Moment auf den anderen die Erleuchtung. Vielmehr wachsen und heilen wir Schritt für Schritt.

Aus diesem Grund habe ich diese Methode auf kurzen Erfahrungsmodulen aufgebaut, die Sie mehrmals täglich wiederholen können. Wenn Sie es sich zu einer neuen Gewohnheit in Ihrem Leben machen, sich dem Prozess nur ein bis zwei Minuten pro Stunde zu widmen, wird sich Ihre Stimmung grundlegend verändern, und Ihre empathische Präsenz bei der Arbeit wird deutlich zunehmen.

Die vier Säulen der Empathie

Wenden wir uns nun den oben erwähnten Fokussätzen zur Veränderung der inneren Einstellung zu. Jedes Mal, wenn Sie diese Sätze wiederholen, wird sich Ihre Stimmung etwas in die gewünschte Richtung bewegen. Denken Sie stets daran, zunächst den »Wake-up-Prozess« durchzumachen, um zunächst ganz im gegenwärtigen Moment anzukommen. Seien Sie sich Ihrer Atmung, Ihres Herzens und der angenehmen Gefühle in Ihrem Körper bewusst. Nehmen Sie dann die vier Fokussätze, die Sie optimal auf jede Begegnung vorbereiten, in sich auf.

1. Lassen Sie Ihre Sorgen los!

Es gibt nichts Destruktiveres für eine Begegnung, als dabei ein Gefühl der Angst oder Besorgtheit auszustrahlen.

Jeder Mensch ist empfänglich für diese Emotionen, und wenn man in angstbehafteten Gedanken oder Erwartungen festhängt, wird man den anderen mit diesen negativen Gefühlen anstecken. Sich Sorgen zu machen ist eine mentale Funktion des Geistes. Dabei entstehen Gedanken und Bilder, die körperliche Reaktionen hervorrufen, wie zum Beispiel eine angespannte Atmung oder ein Gefühl der Schwäche. Man erlebt dies als Angst und die Folge sind beispielsweise ein verwirrter Geist, Unkonzentriertheit, ängstliche Erwartungen oder ein Gefühl der Skepsis. Bevor Sie einem anderen Menschen begegnen, sollten Sie daher für sich selbst die Absicht zum Ausdruck bringen, sich von Ihren negativen Gefühlen zu lösen.

Sagen Sie es – tun Sie es:

- »Ich lasse meine Sorgen los und fühle mich innerlich ruhig.«

Die ersten Male wird nicht viel geschehen, wenn Sie diese Absicht äußern. Sie sind noch nicht geübt und haben noch keine Kraft aufgebaut, um Ihre Absicht umzusetzen. Aber ich versichere Ihnen, dass sich etwas in Ihrem Inneren verändern wird, wenn Sie diese Worte ein paar Mal gesagt haben. Mehr und mehr lassen Sie sorgenvolle Gedanken los und finden zu einer inneren Ruhe. Ihre Atmung entspannt sich und Sie können den gegenwärtigen Moment stärker genießen. Sie haben getan, was Sie konnten, um Ihren Geist zu steuern und Ihre negativen Gedanken auszuschalten.

2. Urteilen Sie nicht!

Angst ist der größte Feind empathischer Gefühle (Sie können nicht in einem Zustand der Angst sein und gleichzeitig Liebe empfinden). An zweiter Stelle kommt eine urteilende Haltung gegenüber anderen Menschen. Wenn Sie einem Gesprächspartner freundlich begegnen möchten, sollten Sie ihn nicht bewerten, denn niemand möchte gerne Zeit mit jemandem verbringen, von dem er negativ beurteilt wird. Bewertet zu werden ist eine psychische Attacke – und Menschen spüren dies, selbst wenn es unausgesprochen bleibt. Neue Untersuchungen haben gezeigt, dass Geist und Herz energetische Informationen ausstrahlen, die unbewusst vom anderen empfangen werden (dies ist ausführlich auf meiner Internetseite dokumentiert). Es ist wissenschaftlich erwiesen, dass unsere Gedanken über unsere Mitmenschen eine Wirkung auf diese haben.

Bevor Sie also mit jemandem in Kontakt treten, sollten Sie die Atmosphäre bewusst klären und die positive Absicht zum Ausdruck bringen, sich von Ihren gewohnten Urteilen zu lösen. Dies können Sie mit dem folgenden Fokussatz tun:

- »Ich akzeptiere diesen Menschen, ohne ihn zu beurteilen.«

Wie bereits erwähnt, erwarte ich nicht, dass Ihnen dies beim ersten Mal uneingeschränkt gelingt. Aber die meisten Urteile basieren auf Angst – da diese Sie vor einer möglichen Gefahr schützen soll. Wenn Sie also bereits zum Ausdruck gebracht haben, dass Sie Ihre Sorgen loslassen, wird es viel einfacher sein, den anderen Menschen vorurteilsfrei zu akzeptieren. Sie lösen sich vom Misstrauen, weil Sie keine Angst vor Ihrem Gegenüber haben. Und wenn die Angst fort ist, können Sie auf den anderen zugehen, ohne ihn zu bewerten.

Wenn Sie einen Menschen beurteilen, können Sie ihn nicht so wahrnehmen, wie er ist, denn Ihre Vorurteile werden Sie daran hindern. Versuchen Sie also, »im Zweifel für den anderen« zu sein, nicht gegen ihn. Erleben Sie, wer er wirklich ist, anstatt vorschnell über ihn zu urteilen.

3. Hören Sie auf, sich selbst zu sabotieren!

Wir kommen nun zur schädlichsten urteilenden Funktion des Geistes – der Selbstverurteilung. Wenn Sie vor einer Begegnung denken, dass Sie nicht gut genug oder nicht liebenswert sind, dann wird das Treffen sich negativ entwickeln, selbst wenn Ihre Gedanken nur auf einer subtilen Ebene vorhanden sind. Sie werden eine negative Energie ausstrahlen und die ganze Situation damit vergiften.

Ich selbst bin mit diesem Problem groß geworden. Ich ging davon aus, dass andere Menschen mich nicht mochten, dass sie mich ignorierten oder mir gegenüber sogar feindselig gestimmt waren. Daher weiß ich sehr gut, wie man sich dabei fühlt. Aber ich kenne auch den einzigen sicheren Weg, der von diesen negativen Gedanken zu einem positiven Gefühl führt: Bringen Sie immer wieder den positiven Wunsch zum Ausdruck, den Sie in Ihrem Herzen fühlen. Sicherlich möchten Sie in Ihrem Herzen Liebe sich selbst gegenüber empfinden. Wer möchte das nicht? Nichts fühlt sich besser an als die Selbstliebe! Anstatt darauf zu warten, dass die äußere Welt Ihnen die Liebe schenkt, die Sie brauchen, um aufzublühen, sollten Sie damit beginnen, sie sich selbst zu schenken. Schließlich kann niemand wirklich Liebe von einem anderen Menschen empfangen, wenn er sich nicht zunächst selbst liebt. Menschen, die nicht liebenswert sind, versagen sich selbst ihre Liebe.

Werden Sie also aktiv; sagen Sie, in welche Richtung Sie sich bewegen möchten. Jedes Mal, wenn Sie diese Aussage machen, werden Sie sich in die gewünschte Richtung bewegen. Das ist das Ergebnis jeder erfolgreichen Therapie, und Sie können dies ohne therapeutische Begleitung erreichen. Fangen Sie einfach an und lieben Sie sich selbst! Hier sind die Worte, die am besten funktionieren. Natürlich können Sie den Satz etwas verändern, wenn Sie einen besseren Weg finden, um das Gleiche zum Ausdruck zu bringen:

- »Ich achte und liebe mich so, wie ich bin.«

Sagen Sie es – tun Sie es!

Besonders vor einer geschäftlichen Besprechung sollten Sie sich nicht mit negativen Emotionen belasten. Gehen Sie mit einem guten Gefühl sich selbst gegenüber in die Sitzung hinein. Nur das wird die Menschen, denen Sie begegnen, in die Lage versetzen, ebenfalls herzlich und vertrauensvoll auf Sie zu reagieren.

4. Seien Sie für den anderen offen!

Die vierte geistige Gewohnheit, die einem positiven Kontakt mit dem Gegenüber im Wege steht, ist die innere Haltung der meisten Menschen, sich auf der emotionalen Ebene zu schützen, indem sie ihr Herz verschließen und unempfänglich für die Gefühle anderer sind. Sicherlich wissen Sie, wie es ist, jemandem zu begegnen, der nicht auf Ihre Herzlichkeit oder Ihr Freundschaftsangebot eingeht. Viele Menschen sind sehr kühl und daher nicht in der Lage zum emotionalen Austausch, auf dem dauerhafte Beziehungen aufbauen.

Ich habe mit zahlreichen Führungskräften gearbeitet, die unter diesem anhaltenden verschlossenen Zustand ihres Herzens litten. Traditionell entsprach dies ja genau dem stereotypen Leitbild einer Führungspersönlichkeit in der Wirtschaft; man stellte sich eine harte, unverwundbare Persönlichkeit vor, die »über« den menschlichen Emotionen stand. In vielen Unternehmen ging man fälschlicherweise davon aus, dass Gefühle bei Entscheidungen in die falsche Richtung führen. Daher wurden Mitarbeiter eingestellt, die den Emotionen keinen Raum gaben, sondern sich ausschließlich auf ihren Verstand konzentrierten.

Aber wer möchte im richtigen Leben für eine herzlose Führungskraft arbeiten? Wer möchte geschäftlich mit jemandem zu tun haben, der weder Anteilnahme empfindet noch Nachsicht kennt? Und wer möchte ein Produkt von jemandem kaufen, der seine wahren Herzensgefühle versteckt? Der vierte Fokussatz fördert daher die Absicht, offen und empfänglich gegenüber anderen Menschen zu sein:

- »Ich öffne mein Herz, um Freundschaft zu empfangen und angenehme Gefühle mit diesem Menschen zu teilen.«

Manche Menschen werden es zunächst ablehnen, ihr »Herz zu öffnen«. Häufig wird diese Aufforderung mit kirchlichen Organisationen oder der New-Age-Bewegung assoziiert, nicht aber mit Situationen am Arbeitsplatz. Doch wie wäre es, wenn Sie vor einer Begegnung den folgenden Satz zu sich selbst sagen würden: »Ich werde mein Herz verschließen und nicht auf den anderen Menschen eingehen.«? Das ist die klassische Arbeitseinstellung. Und wenn Sie diese übernommen haben, dann wird sie all Ihre Arbeitsbeziehungen beeinträchtigen. Lassen Sie uns deshalb darüber sprechen, wie Sie sich auch bei der Arbeit ein offenes Herz bewahren.

⇨ Wer möchte sich aktiv dafür einsetzen, dass im eigenen Unternehmen ein offenes und herzliches Klima herrscht, und wer möchte die unpersönliche und emotionslose Tradition des Unternehmens aufrechterhalten?

Der Prozess im Überblick

Sie haben nun das Grundprogramm kennen gelernt, das Sie in die Lage versetzt, vor einer Begegnung rasch auf einen optimalen mentalen und emotionalen Zustand umzuschalten. Sie können also damit beginnen, den Prozess zu üben und die Methode sofort anzuwenden, ob am Arbeitsplatz oder im privaten Bereich.

Im Folgenden möchte ich Ihnen das komplette Programm im Überblick präsentieren. Sie können es in nur ein bis zwei Minuten durchführen, denn meistens werden Sie vor einer Begegnung nicht mehr Zeit zur Verfügung haben, um sich vorzubereiten. Aber selbst wenn Sie nur eine halbe Minute (oder gar keine »freie« Zeit) haben, zeige ich Ihnen, was Sie tun können. In den letzten Jahren hat sich gezeigt, dass die alte Redensart »Viel hilft viel« bei Programmen wie diesem nicht unbedingt zutrifft. Fokussätze funktionieren am besten, wenn Sie jeweils einen zu sich selbst sagen und dann ein bis zwei Atemzüge innehalten, um die Wirkung der Worte zu spüren. Anstatt sich nun länger auf einen einzelnen Fokussatz zu konzentrieren, fahren Sie gleich mit dem nächsten Fokussatz fort und halten dann wieder ein bis zwei Atemzüge lang inne, bevor Sie zum nächsten Satz übergehen. Auf diese Weise gehen Sie alle Sätze durch.

Diese kurzen Einheiten sind am effektivsten, da jeder Fokussatz auf der Wirkung aufbaut, die der vorangegangene Satz auf Ihren Geist und Ihre Emotionen hatte.

Wenn Sie zu große Pausen zwischen den Sätzen machen, beginnt Ihr Geist abzudriften oder zu denken – und genau das soll nicht passieren. Durchlaufen Sie den Prozess daher relativ rasch und ohne Pause.

Der Empathie-Prozess

Sich auf eine Begegnung vorbereiten

A: Kurzversion
Wenn Sie nur ein paar Augenblicke Zeit haben

1. Sagen Sie zu sich selbst: »**Ich spüre, wie die Luft durch meine Nase ein- und ausströmt**«... und lassen Sie sich unmittelbar auf dieses sinnliche Erlebnis ein, sodass Ihre Aufmerksamkeit nicht länger auf Gedanken über die Vergangenheit und die Zukunft gerichtet ist, sondern Ihr Bewusstsein dafür erwacht, was im gegenwärtigen Moment geschieht.

2. Sagen Sie zu sich selbst: »**Ich spüre auch die Bewegungen in meiner Brust und meinem Bauch**«... und dehnen Sie Ihr Bewusstsein aus, damit es Ihren ganzen Körper wahrnimmt, während Sie atmen, und Sie ganz ins Hier und Jetzt versetzt.

3. Sagen Sie zu sich selbst: »**Ich bin mir auch der Gefühle in meinem Herzen bewusst**«... und erweitern Sie Ihr Bewusstsein erneut, sodass es auf Ihr Herz und nicht auf Ihren Kopf gerichtet ist. Atmen Sie in die Gefühle hinein, die Sie in Ihrem Herzen vorfinden.

4. Sagen Sie zu sich selbst: **»Ich öffne mein Herz, um Vertrauen und Freundschaft zu erleben.«**

Sie können diese vier Aussagen in vier Atemzügen durchmachen – eine halbe Minute lang. Wenn Sie nicht mehr Zeit haben, sollten Sie sie auf diese Weise nutzen. **Denken Sie stets an Folgendes:** Je mehr Sie üben, desto tiefer werden Sie innerhalb eines kurzen zeitlichen Abschnitts vordringen.

B: Vorbereitung in zwei Minuten
Der gesamte Prozess

1. Sagen Sie zu sich selbst: **»Ich spüre, wie die Luft durch meine Nase ein- und ausströmt«** ... und während Sie atmen, lassen Sie sich vollkommen auf die sinnliche Erfahrung ein.

2. Sagen Sie zu sich selbst: **»Ich spüre auch die Bewegungen in meiner Brust und meinem Bauch«** ... und dehnen Sie Ihr Bewusstsein aus, damit es Ihren ganzen Körper wahrnimmt, während Sie atmen.

3. Sagen Sie zu sich selbst: **»Ich bin mir der Gefühle in meinem Herzen bewusst«** ... und atmen Sie in die Gefühle hinein, die Sie in Ihrem Herzen vorfinden.

Machen Sie nun den Prozess zur Veränderung der Einstellung durch:

1. Sagen Sie zu sich selbst: **»Ich erlaube mir, mich gut zu fühlen«** ... und lassen Sie sich auf alle guten Gefühle ein, die Sie in Ihrem Inneren finden ...

2. Sagen Sie: **»Ich lasse meine Sorgen los und fühle mich innerlich ruhig«** ... und genießen Sie das Gefühl innerer Ruhe in Ihrem Geist ...

3. Sagen Sie: **»Ich akzeptiere diesen Menschen so, wie er ist«** ... und lassen Sie zu, dass das Gefühl der Akzeptanz Ihren Geist weiter entspannt und Ihr Herz öffnet ...

4. Sagen Sie zu sich selbst: **»Ich achte und liebe mich so, wie ich bin«** ... und erleben Sie die warmherzigen, positiven Gefühle, die durch diese Worte in Ihrem Herzen ausgelöst werden.

5. Sagen Sie: **»Ich öffne mein Herz, um Vertrauen und Freundschaft zu erleben«** ... und tun Sie genau das!

3

Raum für Freundschaft schaffen

Wir werden nun einen psychologischen Aspekt betrachten, der bei traditionellen Trainingsprogrammen zur Verbesserung von Kundenbeziehungen meistens übersehen oder falsch verstanden wird. Doch dieser Faktor ist essenziell für die Kundenbindung und unterstützt Ihren Erfolg in Verhandlungen, beim Brainstorming im Team sowie in allen anderen Situationen, in denen Sie mit Menschen zu tun haben.

⇨ Es geht um Ihre mentale Fähigkeit, Ihr Bewusstsein so zu erweitern, dass Sie sich während einer Begegnung das Gefühl bewahren, »Zeit zu haben«.

Die meisten Menschen machen genau das Gegenteil. Sie hetzen zu einer Sitzung oder einer Besprechung und haben das Gefühl, dass keine Zeit für irgendetwas anderes bleibt als für das Geschäftliche. An einem hektischen Arbeitstag darf man scheinbar keine Minute Zeit verlieren. Diese Einstellung vermittelt den Gesprächspartnern, dass man »keine Zeit hat«, ihnen entspannt auf einer persönlichen Ebene zu begegnen.

Es ist in der Tat schwierig, anderen Menschen bei einem geschäftlichen Treffen das Gefühl zu vermitteln, dass man »Zeit hat«.

Wir alle wissen, wie es ist, innezuhalten und auf einen entspannten Bewusstseinszustand umzuschalten, in dem wir einen Moment lang nichts tun und es stattdessen genießen, einfach nur »zu sein«.

⇨ Nur in diesem »freien Raum« können zwei Menschen sich auf der Herzensebene begegnen und ein Gefühl wahrer Verbundenheit entwickeln.

Wir müssen zunächst in uns selbst das Gefühl fördern, offen und empfänglich zu sein und für unseren Gesprächspartner Zeit zu haben, damit dieser dieselbe Erfahrung machen kann. Wenn Mitarbeiter eines Unternehmens nur für das rein Geschäftliche Zeit haben, vermitteln sie ihren Gesprächspartnern unterschwellig, dass sie dem Unternehmen eigentlich unwichtig sind.

Offensichtlich ist das keine gute Geschäftspraxis. Was kann man dagegen tun?

Rogers Dilemma

Roger war Teilhaber und Manager eines Edelrestaurants mit einem Starkoch in großartiger Lage in Los Angeles. Häufig kamen wichtige Leute in sein Restaurant und er bemühte sich, seine Gäste persönlich zu begrüßen und sich kurz freundlich mit ihnen zu unterhalten, damit sie sich wohl fühlten. Doch häufig blieb nach seinen Kurzbesuchen an den Tischen ein Gefühl emotionaler Leere zurück – denn eigentlich dachte er, dass er keine Zeit dafür hatte.

Ich kannte Roger bereits von früher und hatte sein Restaurant selbst schon besucht und die Situation beobachtet. Eines Nachmittags, als er frei hatte, machte ich ihn darauf aufmerksam, dass die Gäste häufig unzufrieden aussahen, wenn er ihren Tisch wieder verließ. Er erklärte mir, dass er so unter Zeitdruck stand, dass es schwer war, entspannt zu sein und den Kunden mit ehrlich gemeinter Freundlichkeit zu begegnen.

Ich wusste, dass das Restaurant nicht so gut lief, daher gab ich nicht nach. »Sie üben auch Druck auf Ihr Personal aus«, sagte ich. »Insgesamt herrscht eine hektische Atmosphäre, und das trägt nicht dazu bei, dass die Kunden ihr Essen genießen können.«

»Aber Sie wissen doch, wie es in einem Restaurantbetrieb zugeht«, entgegnete er.

»Ich weiß, wie viele Restaurants keinen Erfolg haben und wieder schließen müssen«, sagte ich ruhig. »Und häufig liegt es daran, dass die Angestellten nicht entspannt wirken und sie offenbar keinen Spaß bei der Arbeit haben. So können die Kunden ihren Restaurantbesuch ebenfalls nicht genießen. Wenn man ihnen keinen Raum und keine Zeit gibt, um sich zu entspannen und den Moment zu genießen, werden sie beim nächsten Mal woanders hingehen.«

»Aber ich kann das Tempo nicht einfach drosseln und alles entspannter ablaufen lassen. Ich würde sehr viel Geld verlieren, wenn ich dem Servicepersonal weniger Druck machen würde.«

»Roger, das Restaurant war nur halb voll, als ich das letzte Mal da war. So verlieren Sie Geld. Wie wäre es denn, wenn Sie den Bedienungen nur eine Minute freie Zeit pro Tisch einräumen würden, in der sie tief durchatmen, entspannen und die Gesellschaft der Gäste genießen sowie einen ehrlichen herzlichen Kontakt zu ihnen herstellen können?«

»Sie haben bei mir gelernt, ein freundliches Gesicht zu machen, wenn sie die Bestellungen entgegennehmen. Es gehört zum Job dazu, freundlich zu sein.«

»Ja, aber das wirkt in der Regel ziemlich aufgesetzt. Wie wäre es, wenn Sie Ihren Angestellten die Freiheit gewährten, genug Raum zum Atmen in ihren Herzen und ihrem Geist zu haben, sodass sie wirklich das Gefühl haben, dafür bezahlt zu werden, den gegenwärtigen Moment zu genießen. Dann wird sich dieses Gefühl auf die Kunden übertragen und jeder wird davon profitieren.«

Raum zum Atmen

An diesem Nachmittag zeigte ich Roger die Kurzversion des Grundprozesses in vier Atemzügen, den er alle 10 bis 20 Minuten durchführen konnte, um sich zu erholen und aufzutanken. Ich machte ihn insbesondere darauf aufmerksam, dass er vor seiner Restaurantrunde innehalten und bewusst sein Eiltempo drosseln konnte, um den gegenwärtigen Moment zu genießen. So konnte er dafür sorgen, genug freie Zeit zu haben, und einen herzlichen Kontakt zu seinen Gästen aufbauen.

An diesem Punkt setzte stets eine wichtige psychologische Dynamik ein. Wenn Roger in Eile war (das war er anfangs ständig), konzentrierte er sich in der Regel nicht auf den gegenwärtigen Moment, sondern seine Aufmerksamkeit war voller Pläne und Sorgen auf die Zukunft gerichtet. Er dachte stets ein paar Sekunden oder sogar Minuten voraus.

⇨ In diesem gestressten Zustand konnte Roger einfach keinen herzlichen Kontakt zu seinen Gästen aufbauen. Auf der physischen Ebene unterhielt er sich zwar mit ihnen, aber emotional war er nicht anwesend. Daher blieb bei den Gästen nichts als ein Eindruck falscher, aufgesetzter Freundlichkeit zurück.

Roger leuchteten meine Argumente sehr schnell ein. Er hatte sich stets gefragt, warum er nach seiner »Tischrunde« stets so unzufrieden war, obwohl er die richtigen Dinge sagte und seine Rolle großartig spielte. Daher war er bereit, sich auf das Experiment einzulassen, die Grundtechnik des Empathie-Prozesses zu erlernen und bei der Arbeit anzuwenden. Er wollte insbesondere den Satz über den Raum und die Zeit nutzen, der so gut in extremen Stresssituationen funktioniert:

▲ Halten Sie inne und richten Sie Ihre Aufmerksamkeit auf Ihre Atmung, um sich im gegenwärtigen Moment zu sammeln – konzentrieren Sie sich auch auf Ihr Herz. Lassen Sie sich auf Ihre Wahrnehmung im Hier und Jetzt ein. Und sagen Sie nun zu sich selbst **»Ich gebe mir genug Raum und Zeit . . . um zu atmen und den Moment zu genießen . . .«** ▲

Roger experimentierte bei der Arbeit mit dieser Technik und stellte fest, dass er sich fast unmittelbar von der Hektik und dem Stress befreien konnte, sobald er den »Wake-up-Prozess« beherrschte.

Der Satz »Ich gebe mir genug Raum und Zeit... um zu atmen und den Moment zu genießen« wurde zu seinem Mantra am Arbeitsplatz, das immer stärker in seinem Geist präsent war. Mitten in seiner zwangsläufig hektischen Arbeit entdeckte er, dass er auch die Bewusstseinsqualität mit einschließen konnte, die ihm Raum schenkte, um zu atmen und jede Minute zu genießen!

Natürlich konnte er besonders am Anfang seinen erweiterten Bewusstseinszustand nicht ständig aufrechterhalten und glitt wieder in seine angstbehaftete Hektik zurück. Doch sobald er erkannte, dass er erneut innehalten konnte, um diese erweiterte Bewusstseinsqualität zu erreichen, veränderte sich seine gesamte Erfahrung im Restaurant.

Die Mitarbeiter befreien

Sobald Roger erkannt hatte, dass er während seiner Arbeit Raum zum Atmen und zum Entspannen für sich schaffen konnte, wollte er natürlich das Gleiche für seine Angestellten tun. Zum einen wollte er ihnen etwas Gutes tun und zum anderen würden sie auf diese Weise herzlicher und freundlicher mit den Gästen umgehen.

Es war kein Problem, den Geist der Angestellten zu befreien, ohne dass die Arbeit darunter litt, da wir unser Bewusstsein stets erweitern und gleichzeitig all unsere Aufgaben erledigen können. Wir meistern sie sogar noch besser, wenn wir bewusster sind und genug Raum haben, um uns auf andere Menschen einzulassen. Schließlich ist es nicht besonders angenehm, sein teures Mahl von jemandem serviert zu bekommen, der gestresst ist und bereits angespannt darüber nachdenkt, was als Nächstes zu tun ist.

⇨ Mitarbeiter im Servicebereich, die effektiv arbeiten und den gegenwärtigen Moment gleichzeitig genießen, indem sie sich ihrer Atmung, ihrer Gefühle und ihres Körpers bewusst sind, bereichern den Restaurantbesuch der Gäste auf eine angenehme Weise.

Bei der nächsten Mitarbeiterversammlung schlug Roger seinem gesamten Team vor, das eigene Atembewusstsein zu trainieren und dem Atem bei der Arbeit stets den Vorrang vor allem anderen zu geben. Die Mitarbeiter lächelten amüsiert, waren aber gleichzeitig begeistert. Ihr Chef gab ihnen die Erlaubnis, ihre Arbeit zu genießen, und bot ihnen darüber hinaus ein Übungsprogramm an, wie sie am Arbeitsplatz einen erweiterten Bewusstseinszustand erreichen konnten. Das hörte sich toll an!

Und es war tatsächlich großartig für alle. Das Servicepersonal durfte nun an jedem Tisch eine Minute, zirka sechs bis sieben Atemzüge lang, einfach den gegenwärtigen Moment mit den Gästen genießen. Die Mitarbeiter führten die Atemmeditation direkt am jeweiligen Tisch durch. Sie hielten einen Moment inne, um zu spüren, wie die Luft durch ihre Nase ein- und ausströmte, bevor sie sich auf ihre Rolle konzentrierten und die Bestellung entgegennahmen. Und die Gäste atmeten ebenfalls tief durch und entspannten sich – so waren mit einem Mal alle auf der gleichen Gefühlsebene und konnten den Moment gemeinsam genießen.

Das Ergebnis war, dass das Servicepersonal zirka fünf bis zehn Prozent mehr Zeit an jedem Tisch verbrachte – dafür gaben die Gäste jetzt mehr Trinkgeld, und innerhalb weniger Wochen war das Restaurant fast ständig ausgebucht. Roger empfand dies als vollen Erfolg und er versuchte mir das Versprechen abzuringen, das Geheimnis nicht der Konkurrenz zu verraten. Das konnte ich ihm natürlich nicht versprechen, denn jeder arbeitende Mensch hat die Freiheit verdient, am Arbeitsplatz genug Raum zum Atmen zu haben.

Die eigene Seele zurückgewinnen

Mein Großvater war ein Rinderfarmer in Kalifornien. Er wurde geboren, bevor es Autos und Radios, Telefone und all die anderen Dinge gab. Er siedelte sich in einem Cañon im Hinterland an, in dem noch einige Chumash-Indianer ein ruhiges, von der Hektik der neuen Zivilisation entferntes Leben führten. Mein Großvater lernte eine Menge von diesen so genannten Primitiven. Einen großen Teil der Weisheit, die ich Ihnen hier vermittle, hat er von diesen Menschen gelernt und an mich weitergegeben.

⇨ Eine der wichtigsten Lehren meines Großvaters war die Beobachtung, dass Menschen dazu neigen, ihre Seele zu verlieren und zu Robotern ohne Emotionen zu werden, wenn sie sich zu stark auf ihre Aufgaben und Ziele in der Zukunft fixieren.

Ich bin nicht fortschrittsfeindlich, aber wir müssen die folgende Wahrheit zur Kenntnis nehmen: Alles wird immer schneller. Wir rasen auf unsere Zukunft zu, und je schneller wir durch das Leben jagen, desto mehr verlieren wir den Bezug zum gegenwärtigen Moment.

Dass schneller nicht unbedingt besser bedeutet, vor allem in unserem täglichen Arbeitsleben, wurde psychologisch bestätigt. Sicherlich können wir Daten mit unserem Verstand immer schneller verarbeiten, doch der Verarbeitungsprozess wird dabei immer unvollständiger. Auch unseren Körper können wir von einer Sitzung zur nächsten jagen. Allerdings haben wir dann mit erheblichen Stressfaktoren zu kämpfen. Aber manche Dinge können wir nicht beschleunigen, wie zum Beispiel die Entwicklung einer Geschäftsbeziehung oder unsere Emotionen.

⇨ Einer der größten Fehler, der auf allen Ebenen der Arbeitswelt gemacht wird, ist die Tendenz, Mitarbeiter dazu zu drängen, alles möglichst schnell zu erledigen.

In gewisser Weise ähneln wir den Lemmingen, die immer schneller werden und sich schließlich von der sprichwörtlichen Klippe stürzen. Ich kann mich daran erinnern, dass mein Großvater auf einem neuen Highway, der in die Stadt führte, innerhalb kurzer Zeit mehrere Strafzettel bekam, weil er zu langsam fuhr! Vor dem Richter betonte er immer wieder, dass seine Seele nicht schneller als 35 Meilen pro Stunde fahren konnte und dass er nicht schneller fahren konnte als seine Seele, da er sonst ohne seine Seele in der Stadt ankommen würde, was ja wohl nicht sehr sinnvoll wäre.

Natürlich ist diese Geschichte etwas extrem (wenngleich sie wahr ist), aber sie bringt es genau auf den Punkt. Welchen Sinn macht es, alle Mitarbeiter in einem Unternehmen so stark zur Eile zu drängen, dass sie die Verbindung zu der Bewusstseinsqualität verlieren, die sie in die Lage versetzt, mit Energie, Einfühlungsvermögen, Überzeugung und Weisheit auf andere Menschen einzugehen? Was kann eine Führungskraft erreichen, die so unter Druck steht und von Sorgen und Zukunftsplänen vereinnahmt ist, dass sie im gegenwärtigen Moment nicht erfolgreich mit wichtigen Kunden oder Geschäftspartnern umgehen kann? Und was gewinnt man, wenn man ein Team beim Brainstorming zeitlich unter Druck setzt, sodass der kreative Prozess behindert wird?

Welchen Wert hat Ihr eigenes Leben, wenn Sie aufgrund von Sorgen, Zeitdruck, Terminen und einer großen Arbeitsbelastung immer hektischer werden und kaum noch im Hier und Jetzt präsent sind, wo in Wirklichkeit alles stattfindet?

⇨ Und auf einer tieferen Ebene: Welchen Wert haben Ihre Entscheidungen und Handlungen, wenn sie in einem angespannten, fahrigen Bewusstseinszustand zustande kommen, in dem Sie die Verbindung zu Ihrer Seele verloren haben, zu Ihrem Sinn dafür, was richtig und falsch ist, sowie zu Ihren Herzensgefühlen?

Wenn uns die wesentlichen Eigenschaften, die uns zu empfänglichen Menschen machen, genommen werden, »funktionieren« wir nicht mehr gut. Wenn Stress, Sorgen und

Termine unser Bewusstsein für den gegenwärtigen Moment ausschalten, geht unsere Effektivität in diesem Moment verloren. Es macht sicherlich keinen Sinn, Mitarbeiter in einem so hohen Tempo arbeiten zu lassen, dass ihre Leistung darunter leidet. Leider geschieht häufig jedoch genau das.

Das Recht der Angestellten

Ich bin davon überzeugt, dass wir alle das unveräußerliche Recht haben – egal, ob bei der Arbeit oder in irgendeinem anderen Bereich –, bestimmte Bewusstseinseigenschaften zu bewahren, die uns menschlich machen. Wir haben alle das Recht, den gegenwärtigen Moment zu genießen, während er sich in unserem Leben entfaltet. Und wir haben alle das Recht, stets auf unser Herz ausgerichtet zu bleiben, egal, was wir gerade tun. Dieses Kapitel befasst sich mit unserer Entscheidung und unserer Kraft, diese Rechte einzufordern – selbst an einem hektischen Samstagabend in einem Restaurant, an dem wir möglicherweise ständig unter Zeitdruck stehen. Wir alle haben das Recht, frei zu atmen und unsere Arbeit zu genießen.

Weise Unternehmer oder Manager werden dieses grundlegende Recht der Angestellten berücksichtigen, da sie auf diese Weise deren Leistungen sowie deren Zufriedenheit fördern. Besonders in unserer kundenorientierten Wirtschaft, in der die Gemütsverfassung der Angestellten die Erfahrungsqualität der Kunden bestimmt, lohnt sich jeder Schritt, der die Stimmung und Präsenz der Mitarbeiter verbessert.

⇨ Wenn die Angestellten lernen, den gegenwärtigen Moment zu genießen und sich während der Arbeit Raum zum Atmen zu schaffen, fühlen sie sich frischer und energievoller. Darüber hinaus können sie klarer denken und sind kreativer und freundlicher.

Wenn man den Angestellten dagegen nicht die Freiheit zugesteht, den Moment zu genießen, wenn sie sich übergangen fühlen und emotional über ihre Grenzen gehen müssen, dann beginnen sie, unbewusst dagegen zu rebellieren. Das Ergebnis sind Sabotageakte, die allen Beteiligten schaden.

⇨ Ich stelle hier nicht das Management oder die Unternehmensleitungen an den Pranger – die meisten von uns treiben sich selbst am stärksten an, selbst wenn kein Druck von außen besteht.

Wir setzen uns unrealistische Ziele jenseits unserer natürlichen Grenzen und drängen uns selbst dazu, sie zu erreichen. Aus Konkurrenzdenken und ökonomischen Zwängen heraus bemühen wir uns, immer schneller zu werden und immer mehr zu erledigen – bis unser Körper und unsere Emotionen schließlich genug haben und wir zusammenbrechen. Und wenn das nicht geschieht, dann erreichen wir unsere extremen Karriereziele möglicherweise sogar, verlieren dabei aber unsere Seele und unsere emotionale Identität.

Ich habe mit zahlreichen Klienten gearbeitet, die unter dem Burn-out-Syndrom litten, und kenne es daher nur zu gut. Viele Menschen sind getrieben von finanziellen Ängsten oder bestimmten Karrierezielen, oder sie haben unrealistische Vorstellungen von einem Ruhestand im Paradies. Für diese Ziele opfern sie fortwährend ihre Teilnahme am gegenwärtigen Moment. Sie arbeiten auf einen unbestimmten Zeitpunkt in der Zukunft hin, an dem sie endlich mit der Arbeit aufhören und das Leben genießen können. Unterdessen leiden ihre Familie, ihr Körper und ihr Herz darunter – und selbst wenn sie manchmal ihr Ziel erreichen, haben sie die Fähigkeit verloren, sich zu entspannen und das Leben zu genießen.

Dies ist eine allzu häufige, sehr traurige Geschichte, und ich hoffe, dass viele Menschen sich davon verabschieden werden. Ich will damit nicht sagen, dass man seine Zukunftsträume aufgeben muss. Ich fordere Sie lediglich dazu auf, nie den gegenwärtigen Moment für diese Zukunftsträume zu opfern. Die »gute alte Zeit« findet jetzt statt.

Genießen Sie sie!

Der Raum der Freundschaft

Wie wir bereits gesehen haben, gibt es eine Bewusstseinsqualität, die nur im gegenwärtigen Moment existiert, in dem Sie atmen, fühlen, das Leben genießen und sich auf der Herzensebene mit anderen Menschen austauschen. Zwischen Ihrer Forderung, sich bei der Arbeit Ihre emotionalen Rechte zu bewahren, und Ihrer Fähigkeit, einen herzlichen Kontakt zu Ihren Kunden und anderen Menschen aufzubauen, besteht eine unmittelbare Verbindung.

⇨ Wir erleben unser Bewusstsein als einen Raum, der unsere physische und emotionale Präsenz umgibt.

Sie sind sich beispielsweise genau jetzt Ihrer Gefühle und Ihrer Präsenz bewusst (hoffentlich). Wenn Sie ein minimales Bewusstseinsniveau aufrechterhalten, dann sind Sie sich Ihrer Atmung bewusst, während Sie diese Worte lesen, und vielleicht auch bestimmter Bereiche Ihres Körpers. Hoffentlich nehmen Sie auch Ihre Stimmung sowie die Gefühle in Ihrem Herzen und Ihrem ganzen Körper wahr. Auf diese Weise sind Sie sich des inneren Raumes bewusst, der Sie auf der Erfahrungsebene ausmacht.

Wenn Sie im gegenwärtigen Moment auf Ihre Sinne ausgerichtet sind, dann nehmen Sie Dinge über Ihren Körper hinaus wahr. Ihr Bewusstsein ist die Summe all der Wahrnehmungsimpulse aus diesen Quellen, die Sie verarbeiten und zu einem Erlebnis des Seins vereinen. Das ist der Raum des Bewusstseins, in dem Sie in jedem Moment leben können. Ständig dehnt er sich aus, verlagert sich und zieht sich wieder zusammen, um sich erneut auszudehnen und zu verlagern. Das ist Ihre Erfahrungswelt jenseits Ihrer geistigen Aktivität – das ist der gegenwärtige Moment, den Sie stets selbst erschaffen, indem Sie eine Verbindung zwischen Ihrer Innenwelt und der äußeren Welt herstellen.

Während Sie sich auf eine Begegnung mit einem anderen Menschen vorbereiten, sollten Sie innehalten und den Zustand Ihres Bewusstseinsraumes prüfen. Falls er zusammengezogen ist, sollten Sie aktiv werden und ihn ausdehnen. Wenn Sie sich in der Vergangenheit oder der Zukunft verlieren, ist Ihr Bewusstseinsraum fast nicht mehr vorhanden. Sie sind einfach nicht da. Und wenn Sie zu sehr unter Druck stehen und immer hektischer werden, bricht Ihr Raum, der den gegenwärtigen Moment umfasst, ebenfalls zusammen.

⇨ Ihr Gegenüber wird sich nur dann auf Sie einlassen können, wenn Sie mit all Ihren Sinnen auf den gegenwärtigen Moment umschalten und Raum zum Atmen schaffen, sodass Sie Zeit haben und den anderen Menschen auch emotional erleben können.

Bei einer Begegnung von zwei Menschen kommen ihre Bewusstseinsräume in Kontakt und es entsteht ein größerer Raum, der beide umschließt. Ich bezeichne diesen Raum als Freundschaftsraum. Beide Personen verbringen darin Zeit zusammen und teilen den Raum sowie die Erfahrung miteinander. Somit haben sie die Möglichkeit, einen Herzenskontakt herzustellen und Freundschaft zu schließen.

Man kann eine solche zwischenmenschliche Erfahrung fördern, indem man den eigenen Bewusstseinsraum vor der Begegnung so weit wie möglich ausdehnt. Wie ich in den folgenden Kapiteln zeigen werde, kann der Moment der Begegnung alte Verhaltensmuster aktivieren, die dafür sorgen, dass der Bewusstseinsraum sich zusammenzieht. Daher ist es am besten, möglichst bewusst in eine Begegnung hineinzugehen.

In diesem dritten Kapitel geht es darum, wie man sich das Gefühl bewahrt, genug Raum und Zeit zu haben, denn so entsteht der Rahmen, in dem sich eine Freundschaft entwickeln kann. Um diese Voraussetzungen zu schaffen, können Sie die folgenden Dinge tun:

1. Hören Sie auf, sich abzuhetzen

Richten Sie Ihre Aufmerksamkeit auf Ihre Atemerfahrung. Auf diese Weise schalten Sie von Ihrer auf die Zukunft gerichteten gedanklichen Hektik ab und erobern den natürlichen Sinn für das eigene Tempo Ihres Körpers zurück – mit jedem Atemzug, im sich entfaltenden gegenwärtigen Moment.

2. Beginnen Sie zu fühlen

Wenn Sie sich während des Atmens auch der Gefühle in Ihrem Herzen bewusst sind, schalten Sie von den Gedanken auf die Emotionen um und dehnen Ihr Bewusstsein zusätzlich aus, sodass es die Welt im Hier und Jetzt wahrnimmt.

3. Schaffen Sie sich freie Zeit

Dehnen Sie Ihr Bewusstsein im gegenwärtigen Moment aus, sodass es auch die angenehmen Gefühle in Ihrem Körper umfasst, und lassen Sie sich zudem auf die Geräusche, die sichtbaren Dinge sowie die Düfte in Ihrer Umgebung ein. Auf diese Weise schaffen Sie sich Raum, um Zeit mit anderen zu verbringen.

4. Fordern Sie Ihre Seele zurück

Bestehen Sie auf der Freiheit, den gegenwärtigen Moment zu genießen. Dann werden Sie sich entspannen, sich der Gefühle in Ihrem Herzen gewahr werden und Ihren Bewusstseinsraum erweitern, um Ihre Umgebung damit auszufüllen.

Wenn Sie diese vier Grundschritte durchmachen, bereiten Sie sich auf eine positive Begegnung mit einem anderen Menschen vor, egal, um wen es sich handelt. Natürlich müssen Sie an Ihrem Arbeitsplatz eine bestimmte Rolle spielen und mit der Arbeit vorankommen. Aber gleichzeitig gehen Sie über Ihre obligatorischen Aufgaben hinaus und entwickeln eine Bewusstseinsqualität, mit der Sie auf eine herzliche Weise auf andere Menschen zugehen können.

Wenn nichts funktioniert

Bisher waren wir in diesem Buch ziemlich positiv gestimmt und haben angenommen, dass Sie die verschiedenen Techniken relativ mühelos erlernen können. Bei den meisten Menschen ist das auch der Fall, da diese Methoden funktionieren und mit etwas Disziplin gemeistert werden können.

⇨ Doch es gibt Menschen, die zuweilen in eine düstere Stimmung verfallen, aus der sie nicht mehr herauskommen. In dieser Stimmung gefangen, nehmen sie kaum ihre Atmung wahr, geschweige denn ihr Herz.

Manchmal ist das eigene Herz auch so verletzt oder so gefühlskalt und distanziert, dass es schwierig ist, sich darauf zu konzentrieren. Was kann man in diesem Fall tun?

Schneller Rat: Wenn Sie den Empathie-Prozess durchmachen und dabei feststellen, dass Sie in einer negativen Stimmung hängen bleiben (wie etwa Furcht, Deprimiertheit, Verwirrung oder Zorn), sollten Sie sich bewusst machen, dass Sie die Stimmung manchmal einfach vorübergehen lassen müssen. Manchmal muss etwas Zeit vergehen, bevor ein tiefer innerer Prozess Sie von einer negativen Konditionierung befreit, die so alt und verwurzelt ist, dass die positiven Fokussätze sie nicht ohne weiteres auflösen können.

Um ehrlich zu sein, ich selbst verfalle ein- bis zweimal pro Monat in eine lästige depressive Stimmung, die zwei bis drei Stunden anhält. Ich weiß nicht, woran das liegt – wenn ich dagegen ankämpfe, wird es nur noch schlimmer.

Je mehr ich meine Fähigkeit trainiere, bewusst auf eine andere Stimmung umzuschalten, desto seltener werden diese depressiven Momente. Aber manchmal ist diese negative Stimmung noch da, und sie ist ein Teil von mir.

Ich wende daher das psychologische Judo an; ich akzeptiere mich so, wie ich bin, anstatt die depressive Stimmung zu leugnen. Ich gebe mir immer wieder die Erlaubnis, mich gut zu fühlen, um mich an die Richtung zu erinnern, in die ich mich bewegen möchte. Und ich bleibe mir meiner Atmung und sogar der schwierigen Gefühle in meinem Herzen so bewusst wie möglich. Ich mache also die Basis-Fokussätze durch, selbst wenn es den Anschein hat, als würden sie mir in dem Moment nicht helfen.

An einem bestimmten Punkt höre ich dann die Worte, die ich sage. Der Schleier hebt sich und wie durch ein Wunder geht es mir wieder gut. Ich kann mein Bewusstsein erweitern und den gegenwärtigen Moment genießen. Ich erzähle Ihnen das, weil ich verdeutlichen möchte, dass ich kein magisches Rezept gegen gelegentliche unerwünschte Emotionen präsentiere.

⇨ In der Regel werden meine Techniken Ihnen sehr helfen, sodass Sie alle Momente des Tages generell stärker genießen können. Aber manchmal ist das Leben hart und wir haben emotional damit zu kämpfen. Das gehört zur Lebenserfahrung dazu.

Sie sollten die Methoden daher anwenden, um Ihre Stimmung zu heben und sich das Leben zu erleichtern. Gehen Sie auch online und nutzen Sie die verschiedenen Programme auf der Internetseite http://selbysolution.com. Sie können selbst viel tun, um Ihre Gemütsverfassung zu verbessern.

Langfristiger Rat: Was können Sie tun, wenn nichts zu funktionieren scheint und Sie emotional weiterhin leiden? Wenn Sie die Methode anwenden, die ich in diesem Buch vorstelle, und trotzdem feststellen, dass Ihr Leben zu stark von unerwünschten Emotionen und Einstellungen geprägt ist, empfehle ich Ihnen, sich Unterstützung in einer Gruppe oder professionelle Hilfe zu suchen.

Vielen Menschen hilft es beispielsweise sehr, zweimal pro Woche in einen Yoga- oder Tanzkurs oder in ein Fitnessstudio zu gehen und durch die körperliche Aktivität Dampf abzulassen. Häufig kann auch ein erfüllendes Hobby eine große Hilfe sein. Aber wenn Sie ernsthaft Hilfe brauchen, sollten Sie eine kognitive Therapie machen. Bei dieser Therapieform werden die gleichen Grundprinzipien wie in meiner Methode angewendet, aber sie werden speziell auf Ihre individuellen Bedürfnisse abgestimmt. Fassen Sie sich ein Herz und nehmen Sie diese Hilfe in Anspruch, wenn es nötig ist.

⇨ Trotzdem kann ich nicht häufig genug darauf hinweisen, wie wichtig es ist, Ihren Geist zu kontrollieren, bewusst zu entscheiden, wie Sie die eigenen Stimmungen steuern, und möglichst viel Verantwortung für Ihre innere Erfahrung zu übernehmen, an jedem neuen Tag, für den Rest Ihres Lebens.

Sie werden feststellen, dass dies nicht nur Ihre Leistungen bei der Arbeit verbessert, Ihren Empathie-Quotienten steigert und Ihre Beziehungen intensiver werden lässt. Ihre innere Bewusstseinsarbeit wird Ihnen auch helfen, eine Verbindung zu Ihrem spirituellen Zentrum herzustellen und Erlebnisebenen erwecken, die das Leben zu einer unendlichen Entdeckungsreise machen.

Im Folgenden finden Sie den Vorbereitungsprozess im Überblick. Sie sollten die Fokussätze nun auswendig lernen und beginnen, den Prozess regelmäßig anzuwenden.

Zusammenfassung des ersten Teils
Sich auf die Begegnung vorbereiten

Sagen Sie jeden Fokussatz zu sich selbst, während Sie ausatmen – und während Sie wieder einatmen, erlauben Sie den Worten, in Ihrem Inneren nachzuklingen... gehen Sie dann zur nächsten Erweiterung über:

1. »Ich spüre, wie die Luft durch meine Nase ein- und ausströmt . . .«
2. »Ich spüre auch die Bewegungen in meiner Brust und meinem Bauch . . .«
3. »Ich bin mir auch meiner Gefühle im Herzen bewusst . . .«
4. »Ich gebe mir genug Raum, um zu atmen und den Moment zu genießen . . .«
5. »Ich lasse all meine Sorgen los und fühle mich innerlich ruhig . . .«
6. »Ich akzeptiere den anderen so, wie er ist . . .«
7. »Ich achte und liebe mich so, wie ich bin . . .«
8. »Ich öffne mein Herz, um Vertrauen und Freundschaft zu erleben . . .«

Und während Sie sich Ihrer Atmung, der Gefühle in Ihrem Herzen sowie Ihres ausgedehnten und entspannten Bewusstseinsraumes bewusst bleiben, lassen Sie sich mit spontanem Einfühlungsvermögen und Enthusiasmus auf die Begegnung ein!

Zweiter Schritt

Der Moment der Begegnung

4

Die innere Ausrichtung bewahren

Sie kennen sicher das Gefühl, das uns Menschen allzu häufig überfällt, wenn wir einen Kontakt zu einem anderen aufbauen möchten – mit großer Wahrscheinlichkeit kommt es zu einem vorprogrammierten Ablauf, in den wir uns gewohnheitsmäßig einklinken, wenn wir dem anderen die Hand geben, ihm kurz in die Augen sehen und ein paar Bemerkungen machen, die unsere Unsicherheit am Anfang eines Gesprächs überspielen sollen. Der Eindruck, der während dieser ersten Momente entsteht, ist von zentraler Bedeutung für den Erfolg der Begegnung.

Möglicherweise kennen wir den Menschen bereits, vielleicht treffen wir ihn auch zum ersten Mal. Wir könnten beispielsweise in einem Geschäft angestellt sein und einem Kunden begegnen, der zufällig gerade da ist; oder wir sehen zum ersten Mal den Chef des Unternehmens, in dem wir arbeiten; vielleicht sind wir auch mit einem Stammkunden verabredet oder geben gar einer hochrangigen Politikerin nervös die Hand. Egal, wie die Situation genau aussieht, fast immer ist es für uns eine emotionale Herausforderung, bei der wir dazu neigen, zum Teil unbewusst bzw. automatisch zu handeln.

Die meisten von uns waren als Kinder schüchtern oder verlegen, wenn wir jemandem begegnen mussten, den wir nicht gut kannten. Wir entwickelten die reflexartige Gewohnheit, uns körperlich und emotional anzuspannen. Diese alte Gewohnheit bleibt im Erwachsenenalter in der Regel bestehen, wenn wir nicht bewusst etwas dagegen unternehmen. In diesem Kapitel beschäftigen wir uns damit, wie wir solche alten Muster überwinden können, um im Moment der Begegnung entspannt, ehrlich und freundlich zu bleiben.

Die meisten Menschen bauen eine äußere Fassade auf, um ihre Schüchternheit oder Unsicherheit in den ersten Momenten einer Begegnung zu überspielen. George, der extrovertierte Versicherungsvertreter aus dem ersten Kapitel, hatte es sich zum Beispiel zur Gewohnheit gemacht, andere Menschen mit seiner dominanten Art zu überrollen. Er befeuerte sie mit vorgefertigten Bemerkungen, sodass seine natürliche Schüchternheit und Verletzlichkeit nicht sichtbar wurden. So gab er sich den Anschein, solchen Emotionen gegenüber immun zu sein.

⇨ Diese Verteidigungshaltung hatte zur Folge, dass die Gesprächspartner von George sich innerlich sofort anspannten, da sie sich von seiner übertriebenen Begeisterung und Freundlichkeit in die Enge getrieben fühlten.

George nahm die Präsenz seiner Gesprächspartner kaum wahr und versuchte dementsprechend auch nicht, sich auf diese einzustellen. Stattdessen dirigierte er das Gespräch entschlossen in eine Richtung, wie ein Tennisspieler, der sofort zum Netz läuft und dem Gegenüber jeden retournierten Ball mit voller Wucht zurückschmettert.

Karen, die leitende Angestellte aus dem zweiten Kapitel, tat genau das Gegenteil. Sie hasste es, unaufrichtig zu sein, und machte daher keinen Hehl aus ihren Stimmungen. Auf diese Weise zwang sie andere Menschen dazu, ihre jeweilige Laune zu akzeptieren, als seien ihre persönlichen Gefühle stets das Wichtigste in einem bestimmten Moment. Wenn sie gut gelaunt war, lief alles bestens. Sie war herzlich und offen und ging sensibel auf die Bedürfnisse und Gefühle anderer Menschen ein. Aber wenn sie verstimmt war oder Ängste und Sorgen sie belasteten, war ihr Gegenüber ihrer negativen Stimmung zwangsläufig ausgesetzt.

Allzu häufig füllte Karen den »Raum zum Atmen« bereits mit ihrer eigenen emotionalen Präsenz aus, sodass die andere Person keine Möglichkeit mehr hatte, sich zu entspannen und den Moment zu genießen. In der Gegenwart von Menschen wie Karen wird die Atmung des anderen häufig angespannt und flach, so als sei im Raum nicht genug Luft für beide vorhanden – oder als wolle die andere Person die negative emotionale Stimmung nicht einatmen.

⇨ In dieser Hinsicht war Karen wie George. Beide besetzten den gesamten vorhandenen Raum, sodass andere Menschen fast buchstäblich nach Luft ringen mussten und das Zimmer bald wieder verlassen wollten.

Vielleicht sind diese Beispiele etwas überspitzt dargestellt, denn manchmal waren Karen und George von Anfang an sehr entspannt und freundlich und räumten ihrem Gegenüber auch genug Raum zum Atmen ein, sodass ein offener, herzlicher Kontakt entstand. Die beiden waren nicht so extrem veranlagt, dass sie sich ständig falsch verhielten, sonst wären sie längst entlassen worden. Aber beide neigten dazu, den Raum zum Atmen zu vereinnahmen und bei anderen Menschen eine Anspannung auszulösen.

Roger aus dem dritten Kapitel verhielt sich dagegen ganz anders. Er wusste, wie er seine Emotionen kontrollieren und eine gelungene Unterhaltung führen konnte. Aber da er kaum präsent war und seine Gedanken um die zahlreichen Probleme in der Küche kreisten, hatten seine Gäste das Gefühl, sich während des Gesprächs in einem emotionalen Vakuum zu befinden.

Die vierte häufige Reaktion auf eine Begegnungssituation ist schlicht Schüchternheit, sodass jegliche soziale Gewandtheit verloren geht. Der Geist ist plötzlich völlig leer, man ist nicht mehr aufmerksam (eine Folge vorübergehender Angst) und so gefangen in der eigenen Nervosität, dass es einem schwer fällt, auf den anderen einzugehen und sich locker mit ihm zu unterhalten.

Die Technik für den **»Moment der Begegnung«**, die ich Ihnen in diesem Kapitel vorstelle, wird Ihnen bei jedem der vier Reaktionsmuster helfen.

Der Atem-Anker

Wie wir bereits gesehen haben, müssen wir uns unseres Atems bewusst bleiben, wenn wir unsere Aufmerksamkeit auf den gegenwärtigen Moment gerichtet halten wollen. Auf diese Weise schaffen wir die wesentliche Voraussetzung für eine erfolgreiche Begegnung.

Doch sobald wir mit einer schwierigen Situation konfrontiert werden, zieht unser Bewusstsein sich häufig plötzlich zusammen und wir verlieren unseren Atem-Anker, der uns mit unseren Emotionen verbindet.

Daher wiederhole ich immer wieder, dass Sie sich vor allem auf Ihre Atmung konzentrieren sollten. Alles andere ist zweitrangig. Wenn Sie sich Ihrer Atmung bewusst sind, nehmen Sie die Luft wahr, die durch Ihre Nase ein- und ausströmt. Sie verbindet Sie unmittelbar mit der Luft, die Sie umgibt – und diese verbindet Sie mit der Luft, die Ihr Gegenüber atmet.

Im Moment der Begegnung ist Ihnen und der anderen Person gemeinsam, dass Sie atmen. Sie atmen beide die gleiche Luft. Die Atmosphäre selbst ist die Verbindung, die es Ihnen ermöglicht, zusammen zu sein. Wenn Sie sich dieser gemeinsamen Basis bewusst sind, dann fühlen Sie sich auf dieser existenziellen Ebene mit dem anderen verbunden.

Schließlich gelangen Ihre Gefühle und Gedanken beim Sprechen über die Luft in die Ohren und ins Bewusstsein der anderen Person. Die Luft ist Ihr Kommunikationsmedium. So, wie eine starke Verbindung über die Wahrnehmung entsteht, wenn man sich gegenseitig sieht, so kommt es auch über die Atmosphäre im Raum zu einer intensiven Verbindung.

Wenn Sie also die Verbindung zum anderen aufrechterhalten möchten, sollten Sie sich des Raums bewusst bleiben, den Sie in diesem Moment miteinander teilen. Und der beste Weg, um das zu erreichen, besteht darin, die Luft wahrzunehmen, die durch Ihre Nase ein- und ausströmt – das ist die Basis für eine erfolgreiche Begegnung.

⇨ Dieser Atem-Anker führt Sie darüber hinaus mit jedem Einatmen tief in Ihr Inneres, direkt in Ihre Lungen hinein – die Ihr Herz umgeben.

Daher habe ich so ausführlich beschrieben, wie Sie Ihr Bewusstsein so erweitern, dass es sowohl Ihre Atemerfahrung als auch Ihre emotionale Erfahrung umfasst. Das wichtigste Instrument, mit dem Sie Ihre Gefühle gegenüber einem anderen Menschen ausdrücken, ist – abgesehen von Ihrer Mimik und Gestik – Ihre Stimme. Und diese entsteht durch den bewussten Einsatz Ihres Atems.

Wenn Sie jemandem begegnen, beginnen Sie in der Regel bald, mit diesem Menschen zu reden. Sie sollten sich nun Ihres Atems und Ihrer Gefühle bewusst sein, sodass die Worte unmittelbar aus diesem Bewusstsein heraus entstehen. Auf diese Weise werden Sie mit großer Sicherheit einen herzlichen Kontakt herstellen – denn Ihre Stimme ist durch Ihr Bewusstsein mit den Gefühlen Ihres Herzens verbunden. Bleiben Sie also in Ihrem Atem verankert – das ist der Schlüssel.

Wissenschaftliche Fakten

Was geschieht eigentlich auf der energetischen Ebene, wenn zwei Menschen sich begegnen? Natürlich kommt es zu einer sinnlichen Wahrnehmung auf beiden Seiten. Man sieht sich, hört sich und riecht sich eventuell auch. Wenn man dem anderen die Hand gibt oder ihn umarmt, spürt man für einen Moment seine physische Präsenz. All diese Eindrücke übermitteln subtile (oder auch offensichtliche) Informationen über die eigenen Gefühle bezüglich des anderen sowie über die eigene Haltung während der Begegnung.

⇨ Mittlerweile ist allerdings wissenschaftlich erwiesen, dass noch weitere Faktoren eine Rolle spielen, wenn zwei Menschen, zwei biologische Organismen, sich begegnen.

Messinstrumente können beispielsweise elektromagnetische Impulse nachweisen, die unseren Körper umgeben und von uns mindestens vier Meter weit in alle Richtungen ausgestrahlt werden. Sie werden vorwiegend von unserem Herzen und der Wirbelsäule erzeugt. Wenn wir wütend sind, strahlen wir Impulse mit einer bestimmten Konfiguration aus, die eine spezielle Wirkung auf das Nervensystem unseres Gegenübers haben und seinen energetischen Zustand beeinflussen. Und wenn wir traurig sind, wird auch dieses Gefühl ausgestrahlt, so, wie alle anderen emotionalen Zustände.

Das bedeutet, dass wir unsere Emotionen vor einem anderen Menschen eigentlich nicht durch kluges Verhalten und Gespräche verstecken können. Von dem Moment an, in dem wir einen Raum betreten und auf einen anderen Menschen zugehen, begegnen wir ihm unmittelbar auf der elektromagnetischen Ebene. (Die Dokumentation dieser wissenschaftlichen Untersuchungen können Sie auf meiner Internetseite http://selbysolution.com nachlesen.) Genauso empfangen wir die elektromagnetischen Ausstrahlungen unseres Gegenübers. Es findet ein Austausch emotionaler Informationen statt, selbst wenn wir es nicht bewusst bemerken. Wir beeinflussen uns gegenseitig.

⇨ Das ist einer der Gründe, warum die Vorbereitung auf eine Begegnung so wichtig ist. Denn so können Sie bewusst Fokussätze sagen, die Ihren Geist aus seinen inneren Verstrickungen befreien und ihn stattdessen auf den energetischen Zustand in Ihrem Körper lenken.

Es ist für Sie von großem Vorteil, wenn Sie ein paar Momente vor der Begegnung Zeit finden, um auf einen positiven geistigen und körperlichen Zustand umzuschalten, und somit die Verantwortung für Ihre Emotionen übernehmen.

Sie strahlen nicht nur die allgemeine Befindlichkeit Ihres Herzens in die Welt aus. Untersuchungen des Engineering Anomalies Research Centers der Universität Princeton haben gezeigt, dass auch das Gehirn eine bisher undefinierbare Kraft in die Welt aussendet, die sowohl die Funktionsweise von empfindlichen Maschinen als auch die Gedanken anderer Personen beeinflussen kann.

Sie können die Ergebnisse dieser Untersuchungen auf meiner Internetseite nachlesen oder die folgende Internetseite der Universität Princeton besuchen:
http://www.princeton.edu/~pear.

Diese Forschungsergebnisse haben für große Verwirrung in traditionellen wissenschaftlichen Kreisen gesorgt, da sie belegen, was so viele Menschen schon immer intuitiv behauptet haben – dass der Geist eine Kraft auf die Materie ausübt. So können beispielsweise die Gedanken einer Person vom Geist einer anderen Person empfangen werden. Die Wirkung ist zwar subtil, aber wissenschaftlich nachgewiesen. Daher sollte man sie zur Kenntnis nehmen.

Sie können also auf der äußeren Ebene gute Gespräche führen und überzeugende Argumente anführen, aber wenn Sie im Inneren etwas anderes denken, wird Ihr Gegenüber diese gedanklichen Projektionen empfangen und entsprechend reagieren.

Die Princeton-Studie zeigte außerdem, dass die Gedanken, die man über jemanden hat, über eine große Entfernung übertragen werden und sogar erhalten bleiben, sodass der andere sie auch zu einem späteren Zeitpunkt empfangen kann. Sie sollten sich daher von der Vorstellung verabschieden, dass Ihre negativen Gedanken und Urteile andere Menschen in der Ferne und in der Zukunft nicht erreichen – all unsere negativen Gedanken und Emotionen beeinflussen stets unser Umfeld und können Schaden anrichten, selbst wenn wir nicht mit den betreffenden Menschen zusammen sind. Die gute Nachricht ist jedoch, dass wir eine Begegnung auch positiv beeinflussen können, und zwar nicht nur, wenn wir mit der jeweiligen Person zusammen sind, sondern auch vor und nach der Begegnung.

Plötzlich erkennen wir die zusätzliche Kraft, die beim Innehalten vor einer Begegnung entsteht. Sagen Sie:

- »Ich akzeptiere den anderen so, wie er ist.«

Die Worte richten Ihre Gefühle neu aus und noch bevor Sie dem anderen begegnen, haben Ihre Gedanken und

Gefühle eine positive Wirkung auf ihn. Sie sehen also, wie wirkungsvoll Ihre Vorbereitung sein kann!

Zeit und Raum miteinander teilen

Sobald Sie erkannt haben, wie viel passiert, wenn Sie jemandem begegnen, wird die Vorstellung, Zeit und Raum mit dem anderen zu teilen, besonders aufregend. Wenn Sie die Verantwortung für all die verschiedenen Variablen der Begegnung nicht übernehmen, riskieren Sie, dass das Treffen schlecht laufen wird, auch wenn Sie das nicht wollen. Sobald Sie sich aber all der Variablen bewusst sind, die Ihnen zur Verfügung stehen und die garantieren, dass die Begegnung gut laufen wird, können Sie sich entspannen und sicher sein, das Treffen besser in der Hand zu haben.

⇨ Achten Sie vor allem darauf, was ich auch Roger beigebracht habe – entspannen Sie sich, konzentrieren Sie sich auf den gegenwärtigen Moment, verbringen Sie einfach Zeit mit dem anderen und teilen Sie den Raum mit ihm.

Wenn Sie das nicht tun, können Sie keinen wahren Herzenskontakt zu Ihrem Gegenüber herstellen. Und wenn Sie keinen Herzenskontakt herstellen, kann keine Freundschaft und kein Gefühl der Verbundenheit oder Loyalität entstehen. Das ist die psychologische Realität, mit der wir es hier zu tun haben.

Wenn Sie in Ihren Gedanken festhängen, sind in einem sehr realen Sinne kein Raum und keine Zeit vorhanden, die Sie gemeinsam mit jemandem erleben könnten. Ihre abstrakten Gedanken finden in einer zweidimensionalen linearen Realität statt. Schließlich hat ein Gedanke keine Tiefe. Er ist lediglich ein Strom aus Worten, Bildern und

Symbolen, die durch Ihren Geist fließen. Daher können Sie sich in Gedanken verlieren und nicht wissen, wo Sie sind oder wie viel Zeit vergangen ist. Sie nehmen die dreidimensionale Raum-Zeit-Erfahrung währenddessen nicht wahr.

Sie müssen vorübergehend Ihre innere Fixierung auf Gedanken, Pläne und Zukunftsprojektionen abschalten, wenn Sie Zeit und Raum mit jemandem teilen möchten. Sie sollten aktiv Raum und Zeit schaffen, um dem anderen zu begegnen. Dies erreichen Sie, indem Sie sich auf Ihre Atmung konzentrieren und Ihr Bewusstsein dann wieder auf die dreidimensionale Realität ausdehnen, während Sie auch das sich ausdehnende und zusammenziehende Volumen in Ihrer Brust und Ihrem Bauch wahrnehmen. Sie selbst erschaffen auf diese Weise Raum und Zeit!

⇨ Es ist so einfach und grundlegend – und nur auf diese Weise werden Sie in der Lage sein, die dreidimensionale Präsenz Ihres Gegenübers zu erleben.

Der Beweis für die oben genannten Thesen ist Ihre eigene Erfahrung. Immer wenn Sie sich in Gedanken verlieren, sollten Sie darauf achten, was geschieht, wenn Sie Ihre Aufmerksamkeit wieder auf die Luft richten, die durch Ihre Nase ein- und ausströmt, (**tun Sie es jetzt!**) und Ihr Bewusstsein dann erweitern, um auch das Volumen in Ihrer Brust und Ihrem Bauch wahrzunehmen – und auf einmal sind Sie wieder hier! Machen Sie dann den nächsten Schritt und schließen Sie auch die Gefühle in Ihrem Herzen mit ein. Dann sind Sie bereit, Ihre Gefühle beim Ausatmen durch Ihre Stimme zum Ausdruck zu bringen und sie auf allen Ebenen auszustrahlen, sodass die andere Person Ihre Präsenz, Ihre Stimmung und Ihre Absicht tatsächlich mithilfe all dieser verschiedenen Impulse wahrnimmt.

Die praktische Umsetzung

Ich möchte Ihnen nun zeigen, wie Sie meine Empfehlungen im Moment der Begegnung tatsächlich umsetzen können. Natürlich werden Sie den Prozess üben müssen, um ihn zu meistern. Lassen Sie sich Zeit, gehen Sie spielerisch mit der Methode um und ärgern Sie sich nicht, wenn Sie in alte Gewohnheiten zurückfallen. Kehren Sie einfach immer wieder zu dem Prozess zurück und machen Sie ihn erneut durch.

Vorbereitung

Zunächst sollten Sie das, was Sie in den ersten drei Kapiteln gelernt haben, sehr ernst nehmen. Die Vorbereitung ist die halbe Miete, wenn Sie jemandem erfolgreich begegnen möchten. Beginnen Sie daher damit, sich etwas freie Zeit vor einem Treffen einzuräumen, sodass Sie den gesamten zweiminütigen Prozess durchmachen können.

Der Atem-Anker

Wenn Sie dann aktiv werden und einem anderen Menschen von Angesicht zu Angesicht begegnen, besteht Ihre wichtigste Aufgabe darin, sich Ihrer Atmung bewusst zu bleiben – der Luft, die durch Ihre Nase oder Ihren Mund ein- und ausströmt (denn manchmal atmen Sie natürlich durch den Mund statt durch die Nase, das macht aber keinen Unterschied). Falls das alles ist, was Sie gleichzeitig tun können, während Sie dem anderen begegnen und mit ihm reden, genügt das für den Moment. Aber üben Sie weiter. Am Arbeitsplatz, zu Hause bei Ihrer Familie und mit Freunden – trainieren Sie Ihre Fähigkeit, sich Ihrer Atmung und allem, was dazugehört, bewusst zu bleiben, während Sie anderen Menschen begegnen.

Raum miteinander teilen

Wenn Sie dazu in der Lage sind, sollten Sie Ihr Bewusstsein erweitern, um die Luft um sich herum, den Raum und das Volumen, das Sie mit dem anderen teilen, mit einzuschließen. Seien Sie sich bewusst, dass Sie beide die gleiche Luft atmen. Lassen Sie Ihre Verbundenheit mit Ihrem Mitmenschen durch dieses gemeinsame Medium stärker werden. Wenn Sie sich Ihres Ein- und Ausatmens gewahr werden, entwickeln Sie ein Gefühl für die Zeit, die verstreicht. Sie werden sich durch Ihren Atemrhythmus bewusst, dass Sie Zeit mit dem anderen verbringen – und innerhalb dieser gemeinsamen Zeit und des gemeinsamen Raumes können Sie einen wahren emotionalen Kontakt im Hier und Jetzt herstellen.

In den ersten Momenten einer Begegnung gibt es viel zu tun. Wir werden in späteren Kapiteln darauf zurückkommen, wie sich der Kontakt zum anderen weiter vertiefen lässt. Für den Moment sollten Sie sich vorwiegend auf Ihre innere Präsenz konzentrieren. Denn nur wenn Sie präsent sind, kann der andere eine Beziehung zu Ihnen aufbauen.

5
Andere nicht bewerten

Sehen wir uns nun genauer an, was mit einem Menschen während einer Begegnung geschieht – welche psychologische Realität und welche Variablen machen seine Erfahrung aus? Wie bereits erwähnt, wird er unmittelbar von der Gestaltung und dem Ambiente des Raums beeinflusst, in dem die Begegnung stattfindet – egal, ob es sich um ein Büro, ein Geschäft, Restaurant oder um das Haus des Gesprächspartners handelt. Diese Variable sollte man berücksichtigen und falls nötig verändern, um eine angenehme und einladende Atmosphäre zu schaffen. Allerdings sollte man nicht versuchen, den anderen allzu sehr mit Gestaltungselementen zu beeindrucken.

⇨ Menschen reagieren auf allen Ebenen sehr sensibel auf Dinge, die aufgesetzt oder unecht wirken. Ihr Gegenüber wird die positivste Erfahrung machen, wenn Sie ganz Sie selbst sind, und zwar in einer Umgebung, die Ihre Produkte, Ihre Dienstleistung oder Ihr Wesen ehrlich repräsentiert.

Der erste Eindruck ist in der Tat sehr wichtig. Andere Menschen werden Ihre physische Umgebung rasch anhand visueller Eindrücke bewerten. Wenn Ihre Umgebung chaotisch ist, dann werden Sie es wahrscheinlich auch sein – und Ihr Gegenüber wird darauf reagieren.

Letztlich setzt sich die Erfahrung Ihres Gesprächspartners aus der Summe aller wahrgenommenen Eindrücke während der Begegnung sowie den Gedanken, der Stimmung und dem körperlichen Zustand zusammen, mit denen er in ein Treffen hineingeht. Sie können Ihre Hoffnung darauf ausrichten, dass die Umgebung sowie Ihre eigene Präsenz, Stimmung und Ihr Verhalten die Erfahrung des anderen positiv beeinflussen werden, sodass er sich insgesamt wohl fühlt.

⇨ Natürlich werden Kunden, Geschäftspartner und auch Menschen, die Ihnen privat begegnen, sich vorwiegend auf Sie konzentrieren – darauf, wie Sie gekleidet sind, sich bewegen, sich fühlen, sprechen und welche subtile emotionale Präsenz sie bei Ihnen wahrnehmen.

Das Ergebnis der Begegnung wird stark dadurch beeinflusst, wie Ihr Gegenüber Sie am Anfang erlebt. Diese Wahrnehmung läuft vorwiegend auf einer unbewussten Ebene ab. Welches sind die häufigsten Urteile, die Menschen bei einer Begegnung fällen?

Gefahr

Wir sind darauf programmiert zu prüfen, ob es in der Situation, in der wir uns befinden, irgendwelche Anzeichen für Gefahr gibt. In Georges Fall reagierten besonders Kundinnen sofort mit Angst, da er sie mit seiner dominanten Art überfiel. Und Karens wechselnde Stimmungen lösten ebenfalls Alarmreaktionen bei anderen Menschen aus. Wenn sie Angst hatte, spannten sie sich unbewusst ebenfalls an, da sie eine Gefahr erwarteten. Wenn Karen aggressiv war, fühlten andere sich bedroht.

Wenn Sie jemandem vermitteln möchten, dass Sie ihn nicht bedrohen, können Sie das am besten während Ihrer Vorbereitung auf die Begegnung tun. Sagen Sie sich die einzelnen Fokussätze und beobachten Sie, ob Sie sich ängstlich oder aggressiv fühlen oder ob Sie in einer Stimmung sind, in der Sie andere schnell beurteilen. Sagen Sie die Fokussätze und schalten Sie so auf ein Gefühl der Zuversicht, Akzeptanz und der inneren Ruhe um. Ihre Gefühle beeinflussen andere Menschen am meisten, und diese Variable können Sie kontrollieren. Das Letzte, was Sie wollen, ist, dass jemand sich irgendwie von Ihnen bedroht oder verunsichert fühlt.

Ihre Bewegungen sind ein grundlegender Indikator dafür, ob Sie eine Gefahr für den anderen darstellen. Wenn Sie sich Ihres eigenen Körpers nicht bewusst sind, können Sie leicht Bewegungen machen, die bedrohlich wirken. Aber wenn Sie sich Ihrer Bewegungen im gegenwärtigen Moment bewusst sind, werden Sie anmutig. Sie kontrollieren Ihren Körper – und das signalisiert dem anderen, dass er sicher ist, während er Zeit mit Ihnen verbringt. Und wenn Sie darüber hinaus die physische Präsenz der anderen Person wahrnehmen, respektieren Sie deren persönlichen Grenzen und bewegen sich so, dass Sie diese nicht versehentlich verletzen. Auch hier ist das Bewusstsein der Schlüssel zum Erfolg.

Interesse

Sobald ein Mensch sicher ist, dass er sich entspannen kann und sich keine Gedanken über irgendwelche Gefahren machen muss, möchte er in der Regel wissen, ob er beachtet oder ignoriert wird. Wie wir bereits gesehen haben, fühlt sich der andere ignoriert, wenn Sie sich in Gedanken über die Vergangenheit oder die Zukunft verlieren, da Sie sich dann nicht auf ihn konzentrieren. Daher ist es wichtig, Ihre Aufmerksamkeit während der Begegnung ganz auf den gegenwärtigen Moment zu richten.

Sie sollten sich mit Ihrer Wahrnehmung allerdings nicht vollkommen auf die andere Person fixieren. Viele Menschen denken, dass sie auf diese Weise ein starkes Interesse am anderen signalisieren. Aber wenn Sie Ihr Bewusstsein nicht zu einem gewissen Teil auf Ihr eigenes Selbst richten, werden Sie nicht in Ihrem eigenen Körper »zu Hause« sein, und der andere wird Ihre Präsenz nicht spüren. Wenn Sie Ihre gesamte Aufmerksamkeit einsetzen, um Ihr mangelndes Interesse an Ihrem Gegenüber zu überspielen (so, wie George es früher bei seinen Kunden tat), fühlt sich der andere von der überbordenden Aufmerksamkeit überrollt.

Sie sollten sich daher in der hohen Kunst üben, Ihr Bewusstsein so zu erweitern, dass Sie der Präsenz des anderen ganz gewahr werden und gleichzeitig auch Ihre eigene Präsenz wahrnehmen. Das ist das Geheimnis einer erfolgreichen Begegnung. Wichtig ist dabei, dass Sie Ihre Aufmerksamkeit gezielt auf Ihre Atmung gerichtet halten und gleichzeitig Ihr Herz öffnen, um wirklich empfänglich für die Präsenz der anderen Person zu sein.

⇨ Empfänglich für die Präsenz eines anderen Menschen zu sein bedeutet nicht nur, ihm zuzuhören und in seine Richtung zu schauen, sondern auf einer subtilen Ebene auch die Ausstrahlung seines Herzens und seines Geistes, die physisch von seinem Körper ausgesendet wird, wahrzunehmen.

Das ist keine esoterische Vorstellung. Die elektromagnetische Ausstrahlung von der Herzgegend eines Menschen lässt sich mit wissenschaftlichen Instrumenten messen. Und wenn Sie die im Herzen angesiedelten Gefühle einer anderen Person wahrnehmen möchten, sollten Sie in Ihr eigenes Herz schauen und beobachten, welche Gefühle Sie vom anderen empfangen. Sensible Menschen, vor allem Frauen, behaupten schon seit Jahrhunderten, dass sie die Gefühle von Menschen in ihrem Umfeld unmittelbar spüren können. Mittlerweile wissen wir, dass dies möglich ist. Und Sie können die Fähigkeit entwickeln, in Ihr Herz zu schauen und sich von ihm erzählen zu lassen, was es auf einer subtilen Ebene über den Menschen zu sagen hat, mit dem Sie in einem bestimmten Moment zusammen sind.

Austausch

Wenn zwei Menschen sich aufeinander konzentrieren, ist ein Austausch auf vielen Ebenen möglich. Sie sehen sich und reagieren jeweils auf die Gestik und Mimik des anderen. Sie sprechen miteinander und teilen sich Ideen und Vorstellungen mit. Möglicherweise berühren sie sich auf eine gesellschaftlich akzeptierte Weise und spüren so die physische Präsenz des anderen. Und durch die Ausstrahlung aus ihrem Herzen und ihrem Gehirn beeinflussen sie sich auf subtilen Ebenen gegenseitig.

Darüber hinaus ist noch eine weitere Ebene subtiler Interaktion zu berücksichtigen. Ich habe Darstellungen von zwei elektromagnetischen Kraftfeldern gesehen, die jeweils die Konfiguration des anderen veränderten – und auf diese Weise eine dritte vereinigte Energieform erzeugten. Wenn zwei Menschen sich begegnen, beeinflussen ihre mentalen und elektromagnetischen Kraftfelder sich gegenseitig, sodass eine vereinigte energetische Präsenz im Raum entsteht. Das alles klingt zwar sehr esoterisch, aber es ist mittlerweile erwiesen, dass wir alle in diese subtile Realität eingebunden sind, sobald wir einem anderen Menschen begegnen.

⇨ Dieses tiefe Gefühl der Verbundenheit lässt sich durch die folgenden Schlüsselfaktoren maximieren: **Bewusstsein**, **Empfänglichkeit** und **Vertrauen**.

Wenn Sie sich Ihrer eigenen Präsenz im Hier und Jetzt nicht bewusst sind, werden Sie auf dieser Ebene nichts erleben. Wenn Sie nicht auf Ihr Herz ausgerichtet und nicht offen dafür sind, den anderen Menschen auf sich wirken zu lassen, werden Sie keine Verbindung zu ihm spüren. Und wenn Sie dem anderen nicht vertrauen, dann wird Ihre Verteidigungshaltung seiner potenziellen Offenheit und damit auch einem Herzenskontakt entgegenwirken.

Wir sind nun beim zentralen Element der so genannten Kundenbindung angekommen. Sie sollten sich öffnen, um Zeit und Raum miteinander zu teilen und den anderen auf sich wirken zu lassen. Auf eine sehr realistische, energetische Weise verschmelzen Ihre Herzen, Ihre Gefühle und Gedanken miteinander und Sie erleben das großartige Gefühl, wahrlich mit einem anderen Menschen zusammen zu sein. Diese Erfahrung fühlt sich sehr gut an – sie ist das A und O bei der Kundenbindung und spielt auch bei allen anderen zwischenmenschlichen Beziehungen eine entscheidende Rolle.

Vertrauen und Respekt

Es gibt eine letzte Dimension, die wir in diesem Zusammenhang berücksichtigen sollten. Sie können einem anderen Menschen entweder vertrauen und ihn vorurteilsfrei annehmen oder auf eine negative Weise über ihn urteilen, sodass auf einer subtilen Ebene eine Dissonanz zwischen Ihnen entsteht.

Wir haben im zweiten Kapitel bereits über dieses Thema gesprochen und Sie haben dort den Fokussatz **»Ich akzeptiere den anderen so, wie er ist«** kennen gelernt. Wir wollen uns nun eingehender mit dieser wichtigen Variablen bei einer Begegnung befassen. Niemandem gefällt es, beurteilt zu werden. Jeder möchte gerne genau so angenommen werden, wie er ist. Aber die meisten von uns urteilen fast zwanghaft über andere Menschen.

Etwas zu beurteilen ist eine natürliche Funktion des Geistes. Und da wir fast jede Minute im Wachzustand auf der Hut sind, sehen, hören, schmecken und fühlen wir ständig etwas und bewerten dann sofort, was unsere Sinne in unserer Umgebung wahrgenommen haben. Es ist ein notwendiger Teil unseres Lebens, zu beurteilen, ob etwas gefährlich, schlecht, ungesund oder langweilig ist und gemieden werden muss. Wir müssen uns auf die Dinge zubewegen, die uns gefallen, die gut oder interessant für uns sind, und den Dingen fernbleiben, die uns Schaden zufügen oder lediglich Zeit und Geld kosten.

⇨ Es ist nicht grundsätzlich negativ, etwas zu beurteilen. Das Problem ist jedoch, dass wir das Bedürfnis haben, *alles ständig* zu beurteilen.

Über etwas zu urteilen ist eine auf Angst basierende Funktion des Geistes. Somit ist es dem Gefühl des Vertrauens, der Akzeptanz und der Freundlichkeit diametral entgegengesetzt. Wir Menschen können nicht gleichzeitig urteilen und lieben. Wir können einen anderen Menschen nicht bewerten und uns fragen, ob es sicher ist, mit ihm zusammen zu sein, und uns gleichzeitig für ihn öffnen und seine Gesellschaft genießen. Wir befinden uns entweder im Beurteilungsmodus oder im Vertrauensmodus.

⇨ Wenn Sie einem anderen Menschen begegnen, sei es bei der Arbeit oder in einem anderen Rahmen, sollten Sie darauf achten, dass Sie nicht im Beurteilungsmodus sind.

Sie müssen lediglich Folgendes tun

Denken Sie an den Fokussatz **»Ich akzeptiere den anderen so, wie er ist«** und erinnern Sie sich daran, dass Urteile assoziative Funktionen des Geistes sind, die auf Gedanken basieren. Wenn Sie also Ihren Beurteilungsprozess beenden möchten, müssen Sie Ihre Aufmerksamkeit nur von

Ihren Gedanken auf Ihre Präsenz im Hier und Jetzt verlagern. Bringen Sie Ihren Geist zur Ruhe, indem Sie auf Ihre Atemerfahrung umschalten, auf Ihre Herzerfahrung, auf Ihr ganzkörperliches Erleben im gegenwärtigen Moment.

Respekt entsteht ebenfalls durch diesen Prozess. Wenn Sie sich bewusst von Ihrem urteilenden Verhalten lösen, sagen Sie dem anderen damit im Prinzip Folgendes: »Ich respektiere dich so, wie du bist. Ich muss nicht auf der Hut sein oder dein Aussehen und dein Verhalten ständig bewerten. Ich vertraue dir und bin offen dafür, mich auf dich als ebenbürtigen Menschen einzulassen. Du akzeptierst mich. Ich akzeptiere dich. Lass uns eine Beziehung zueinander aufbauen.«

Vertrauen Sie sich selbst

Sie werden feststellen, dass es Wunder wirkt, andere Menschen nicht mehr zu beurteilen, sondern sie so zu akzeptieren, wie sie sind. Plötzlich fühlen sie sich angenommen und respektiert – sie können sich entspannen und müssen sich nicht verstellen oder verteidigen. Sie können das besondere Herzensgefühl genießen, um ihrer selbst willen gemocht zu werden.

Allerdings verhindern Sie den Herzenskontakt auch, wenn Sie Ihr eigenes Selbst noch immer negativ bewerten. Daher sollten Sie sich an erster Stelle mit dieser Gewohnheit befassen. Alle großen Weltreligionen weisen uns darauf hin, dass wir einen anderen Menschen nicht stärker respektieren und lieben können als uns selbst. Ehrliches Vertrauen, Respekt und Einfühlungsvermögen beginnen stets bei der Beziehung, die wir zu uns selbst haben.

⇨ Wenn Sie sich selbst nicht lieben und achten, wird auch kein anderer dazu in der Lage sein – ein von Empathie geprägter Austausch zwischen Ihnen und anderen Menschen wird blockiert sein.

Daher fordere ich Sie nicht nur dazu auf, zu sagen: **»Ich akzeptiere den anderen so, wie er ist«**, sondern auch, sich danach sofort auf die Gefühle zu konzentrieren, die Sie im Herzen gegenüber sich selbst empfinden. Sagen Sie den entscheidenden Fokussatz: **»Ich achte und akzeptiere und liebe mich so, wie ich bin.«**

Das Problem ist, dass die meisten Menschen genau dies nicht tun. Wir leben in einer Gesellschaft, in der jeder sich ständig als unzulänglich verurteilt. Wir sind nicht klug oder attraktiv oder schnell genug, wir sind zu dick oder zu dünn, wir sind nicht erfolgreich genug, nicht gut genug im Bett etc. Wir belasten uns ständig mit Selbsturteilen – mit dem Ergebnis, dass wir uns schrecklich elend fühlen. Und wenn es uns schlecht geht, erbringen wir natürlich auch keine guten Leistungen. Das wiederum werten wir als Beweis dafür, dass wir nicht gut genug oder nicht liebenswert sind. Oder wir spielen uns auf wie George und versuchen uns und andere davon zu überzeugen, dass wir absolut perfekt und großartig sind.

Ich arbeite seit zirka 30 Jahren als Therapeut, und ich kann definitiv sagen, dass Selbsturteile uns am stärksten daran hindern, unser Leben zu genießen, Erfolg zu haben, stabile Beziehungen aufzubauen und all die anderen Dinge zu tun, nach denen wir uns sehnen. Ich weiß, dass ich erfolgreich mit meinen Klienten arbeiten kann, wenn sie beginnen, den Druck von sich selbst zu nehmen und nicht mehr versuchen, sich zu verändern; wenn sie sich einfach so akzeptieren und lieben, wie sie sind.

Plötzlich lassen sie durch die Kraft der Selbstakzeptanz und Liebe ihre emotionale Anspannung los. Sie verleugnen sich nicht mehr selbst, sondern nehmen sich ganz an. Es erscheint paradox, aber es ist wahr – wenn Sie sich zum Besseren verändern möchten, müssen Sie sich so akzeptieren, wie Sie sind. Dann beginnen Sie automatisch, sich selbst zu korrigieren und emotional zu heilen. Denn die Kraft der Liebe ist tatsächlich die Kraft, die heilt und uns in die Lage versetzt, mehr zu dem Menschen zu werden, der wir wirklich sind.

⇨ Sie können nichts daran ändern, dass Sie der Mensch sind, der Sie sind. Sie können sich lediglich selbst akzeptieren und dann Ihrem natürlichen Potenzial erlauben, sich Schritt für Schritt zu entfalten.

Sobald Sie sich selbst nicht mehr verurteilen, sondern entspannt akzeptieren, der Mensch zu sein, der Sie nun einmal sind, fühlt sich Ihr Herz besser, Ihr Geist denkt positive Gedanken und Sie strahlen eine Präsenz aus, die voller Akzeptanz und Liebe ist. Und plötzlich genießen andere Menschen es, Zeit mit Ihnen zu verbringen. So einfach ist es. **Sagen Sie es – tun Sie es! »Ich achte und liebe mich so, wie ich bin.«** Dann ist es leicht, erneut zu sagen: **»Und ich akzeptiere den anderen so, wie er ist.«** Mit dieser Gesinnung können Sie mit einem anderen Menschen zusammenkommen und eine ehrliche Beziehung zu ihm aufbauen, bei der jeder die Gesellschaft des anderen genießt. Darum geht es bei einer Freundschaft – um Akzeptanz und Vertrauen.

Eine gesunde Ausgewogenheit

Nachdem ich so stark auf die negative Seite des Beurteilens hingewiesen habe, möchte ich nun für eine größere Ausgewogenheit sorgen. Natürlich kann ein gewisses Urteilsvermögen nötig und wertvoll sein. Manchmal ist es klug, wenn man versucht einzuschätzen, ob der andere gefährlich ist oder man ihn in der gegenwärtigen Situation aus anderen Gründen einfach nicht vorbehaltlos akzeptieren kann. Wie wir später sehen werden, ist es ebenfalls klug, darauf zu achten, ob der andere von seinen eigenen negativen Urteilen, Einstellungen und Stimmungen vereinnahmt ist, denn so können Sie angemessen auf seine Verfassung reagieren und die Begegnung möglicherweise in eine positivere Richtung lenken.

Grundsätzlich empfehle ich Ihnen, dem anderen nach Möglichkeit mit einer positiven Einstellung zu begegnen. Lassen Sie ein Gefühl der Akzeptanz vorherrschen und seien Sie dazu bereit, Zeit mit Ihrem Gegenüber zu verbringen. Selbst wenn der andere im Beurteilungsmodus ist, sollten Sie ihn ehrlich annehmen. Wenn Sie mit Ihren eigenen Bewertungen reagieren, wird sich die Begegnung in eine negative Richtung bewegen. Riskieren Sie es, sich zuerst zu öffnen. Beobachten Sie, ob Ihre Bereitschaft, den Moment zu genießen und dem anderen zu vertrauen, eine positive Wirkung auf seine Gefühle und Gedanken hat.

⇨ Und nehmen Sie aus diesem Kapitel noch diesen letzten Gedanken mit: Wenn Sie sich Ihrer Atmung bewusst bleiben, werden Sie in einer optimalen Verfassung sein, um angemessen auf Stimmungen und Handlungen des anderen zu reagieren, egal, wie diese auch aussehen mögen. Sie werden spontan sein – und mithilfe dieses zuversichtlichen Gefühls werden Sie den Moment genießen und sich positiv auf den anderen einlassen können. Das ist die Haltung, die Ihnen stets am besten dienen wird – bleiben Sie positiv gestimmt, genießen Sie den Moment und sehen Sie das Beste im anderen Menschen.

6

Spontan sein

In diesem Kapitel erforschen wir ein sehr wertvolles psychologisches Potenzial, das allerdings noch viele Fragen aufwirft – die Fähigkeit, spontan zu sein. Sicherlich kennen Sie das Gefühl der Spontaneität. Dabei sind Körper und Geist vollkommen auf den gegenwärtigen Moment ausgerichtet und man hat den Eindruck, völlig »im Fluss« zu sein. Man ist intellektuell, emotional und physisch »auf der Höhe« und vertraut seinen spontanen Handlungen, da sie auf einer überaus bewussten mentalen Funktion basieren.

⇨ Wenn man wahrlich spontan handelt, befindet man sich in einem erweiterten Bewusstseinszustand, in dem die integrative Kraft des Geistes mit der Umgebung in enger Beziehung steht.

In diesem äußerst aufmerksamen und empfänglichen Zustand hat unser Bewusstsein seine maximale Ausdehnung erreicht, sodass wir all die verschiedenen Sinneswahrnehmungen verarbeiten, die wir aus der Umwelt empfangen, und ohne zu zögern mit wachem Geist darauf reagieren. Wir empfinden keinerlei Angst, machen uns keine Sorgen, und unser Körper ist entspannt. Wir sind voller Energie, können gut zuhören und gleichzeitig unsere Gedanken und Gefühle ehrlich zum Ausdruck bringen.

Und was möglicherweise am wichtigsten ist – wir handeln aus dem Herzen heraus. Wir nehmen andere Menschen an, gehen einfühlsam auf sie ein und sind in der Lage, uns zu öffnen und tiefe empathische Gefühle mit ihnen zu teilen. Darüber hinaus sind wir uns all der subtilen Signale bewusst, die von anderen Menschen im Raum ausgestrahlt werden, und wir sind innerlich auf eine tiefe emotionale Ehrlichkeit eingestellt.

Das ist meine Definition von Spontaneität. Dem Wörterbuch zufolge stammt der Begriff vom lateinischen Wort *sponte* ab, »aus eigenem Willen«. Weiter heißt es dort: »freiwilliges Handeln aus einem natürlichen Gefühl oder einer angeborenen Neigung heraus, ohne äußeren Zwang; einem momentanen Impuls folgend; ohne äußeren Einfluss, äußere Kraft oder Ursache entstehend; nicht künstlich herbeigeführt oder manipuliert; aus eigenem Antrieb handelnd; natürlich«.

⇨ Im Rahmen unseres Ziels, anderen Menschen ehrlicher und empathischer zu begegnen, ist Spontaneität ein zentrales Ziel.

Natürlich gibt es auf dem Weg zu einer effektiven Spontaneität auch einige Stolpersteine, die wir in diesem Kapitel aufspüren werden. Grundsätzlich ist es jedoch ein großes Plus, spontan zu sein, wenn eine Begegnung positiv verlaufen soll.

Weit verbreitete Irrtümer

Wenngleich die Spontaneität ein geradezu idealer Geisteszustand zu sein scheint, gibt es viele kulturell geprägte Vorbehalte, die rasch zutage treten, selbst wenn man nur darüber nachdenkt, wie man bei der Arbeit spontaner werden könnte. Lassen Sie uns untersuchen, ob diese negativen Annahmen aus psychologischer Sicht zutreffen.

Zum einen gibt es die Vorstellung, dass man unkontrolliert und ohne angemessene Überlegung handelt, wenn man spontan ist, und daher Gefahr läuft, etwas Dummes oder sogar Schädliches zu tun. Viele Menschen lassen tatsächlich all ihren wilden irrationalen Impulsen freien Lauf, ohne die Konsequenzen zu bedenken. Dabei machen sie sich häufig lächerlich. Aber in der Definition von Spontaneität ist keine Rede von irrationalen Impulsen.

⇨ Wenn man wirklich spontan handelt, hat man ein sicheres Gefühl dafür, was richtig und falsch, weise und töricht, vertrauenswürdig und gefährlich ist.

Der Sinn und Zweck, auf einen spontaneren Bewusstseinsmodus umzuschalten, besteht darin, die Realität einer Situation bewusster wahrzunehmen und angemessen darauf zu reagieren. Spontan zu handeln bedeutet, verantwortlich zu handeln. Es bedeutet, in einem Bewusstseinszustand zu sein, in dem man alle Dimensionen einer Situation erfasst und seinen tieferen intuitiven Kräften erlaubt, das eigene Verhalten zu bestimmen, anstatt sich von äußeren Regeln und Begrenzungen einschränken zu lassen.

Ein weiterer Irrtum über spontanes Verhalten besteht darin, zu glauben, dass dieses rasch, zufällig und unkontrolliert abläuft. Man kann jedoch äußerst spontan sein, ohne überhaupt etwas zu tun; wenn man eine Situation in ihrer Gesamtheit erfasst, führt dies nicht unbedingt zum Handeln, sondern möglicherweise zur Reflexion. Man kann auf spontane Weise meditativ und ruhig gestimmt sein, ohne dabei zu handeln.

Ebenso wenig verliert man die Kontrolle, wenn man spontan ist. Man verlagert die Kontrolle auf eine höhere mentale Ebene, die einem die Freiheit gibt, das zu tun, was in der entsprechenden Situation am besten ist. Spontaneität impliziert, dass man die Menschen, mit denen man zusammen ist, äußerst bewusst wahrnimmt und empfänglich für ihre Reaktionen und Bedürfnisse ist – sodass man optimal auf sie eingehen kann.

Wir alle haben große Angst davor, die Kontrolle zu verlieren. Wir haben gelernt, unseren spontanen Impulsen zu misstrauen. Die Vorstellung, »impulsiv« zu sein, ist negativ behaftet. Aber ein Impuls ist nichts anderes als ein Informationsfluss im Nervensystem, der eine bestimmte Handlung im Körper auslöst. Wenn der Impuls aus einem bewussten Geisteszustand stammt, dann wird die ausgelöste Handlung auf wunderbare Weise vom höheren Geist kontrolliert.

Eines ist sicher – wir können nicht gleichzeitig Angst vor unseren Impulsen haben und spontan sein. Daher fordere ich Sie immer wieder dazu auf, sich nicht länger zu verurteilen, sondern sich selbst zu vertrauen. Auch wenn Sie auf Ihrem Weg ein paar Fehler machen, ist es wichtig, Ihre natürlichen Impulse zu erkunden und sie reifen zu lassen, um Ihre tiefe Absicht sowie die Emotionen Ihres Herzens voll zum Ausdruck zu bringen.

⇨ Sie müssen den Schritt zur Spontaneität wagen, Ihre Angst loslassen, etwas Falsches zu tun, und auf eine vertrauensvolle Bewusstseinsqualität umschalten. Auf diese Weise befreien Sie Ihr eigenes Selbst.

Dieser Schritt, mit dem Sie sich von Ihren Sorgen lösen und sich selbst vertrauen, ist der Anfang eines erfolgreichen Lebens. Und er verändert Ihre Begegnungen mit anderen Menschen. Sie werden weder plötzlich die Kontrolle verlieren noch lächerliche Dinge tun – Sie werden dagegen auf eine intensivere, spontanere Präsenz umschalten, sodass der andere wirklich sehen kann, wer Sie sind, und durch diese Erfahrung lernt, Ihnen zu vertrauen. Das ist die wesentliche Voraussetzung für einen intensiven zwischenmenschlichen Kontakt, den jeder gerne erleben möchte.

Befreien Sie sich

Anfangs denken Sie vielleicht, dass es großartig klingt, spontan zu sein – aber Sie wissen nicht, wie Sie diesen ausdrucksstarken ehrlichen Zustand erreichen können. Möglicherweise wurden Sie von Ihren Eltern und Lehrern dazu angehalten, sich stets zu kontrollieren und nicht »impulsiv« zu handeln. So haben Sie vielleicht besonders darauf geachtet, sich am Arbeitsplatz angemessen zu verhalten, damit Sie keine subtil gesteckten Verhaltensgrenzen überschreiten.

⇨ Selbst wenn Sie es riskieren möchten, sich zu befreien, um bei Begegnungen mit anderen Menschen spontaner zu sein, wissen Sie möglicherweise nicht, wie Sie das anstellen sollen.

Doch, Sie wissen es! Denn das Erste, was Sie stets befreien sollten, um bei einer Begegnung ehrlicher und spontaner zu sein, ist nichts anderes als Ihre Atmung. Ihre Emotionen kommen schließlich vorwiegend durch Ihre Atmung zum Ausdruck. Jede Emotion hat ihr spezielles Atemmuster. Wenn Sie Angst haben, wird Ihre Atmung angespannt und flach (Ihnen wird schwindlig und Sie fühlen sich verwirrt). Wenn Sie wütend sind, wird Ihre Atmung tiefer und versorgt Ihren Körper mit zusätzlicher Energie – es sei denn, Sie versuchen, die Wut mit einer Muskelanspannung im Lungenbereich zu blockieren. Wenn Sie deprimiert sind, wird Ihre Atmung seicht und kraftlos. Und wenn Sie sich gut fühlen, strömt Ihr Atem auf angenehme

Weise tief und entspannt ein und aus. Außerdem bringen Sie Ihre Gefühle in der Regel beim Ausatmen mithilfe Ihrer Stimme zum Ausdruck, da Ihr Atem der Stimme Kraft verleiht.

Die meisten Menschen haben Angst vor dem natürlichen Ausdruck ihrer Emotionen, da sie in der Vergangenheit schlechte Erfahrungen damit gemacht haben.

Daher kontrollieren sie ihre Atmung, um ihre Emotionen unter Kontrolle zu haben. Sie kennen sicherlich das angespannte Gefühl im Hals, das einen plötzlichen Gefühlsausbruch verhindert, wenn Sie wütend sind, das ein Schluchzen unterdrückt, wenn Sie traurig sind, und das Ihnen den Atem abschnürt, wenn Sie Angst haben.

⇨ Ob bewusst oder unbewusst, in der Regel kontrollieren Sie Ihre Atmung – und das macht es Ihnen unmöglich, spontan zu sein.

Der **erste Schritt**, um sich zu entspannen und Ihren inneren Gefühlen zu vertrauen, besteht darin, Ihren Atem zu befreien. Das tun Sie genau so, wie ich es Ihnen beigebracht habe. Probieren Sie es einfach aus, sogar jetzt, während Sie diese Worte lesen, und beobachten Sie, wie Ihre Atmung sich entspannt und freier wird, während Sie Ihre Aufmerksamkeit bündeln und bestimmte Fokussätze sagen.

Lenken Sie die Aufmerksamkeit Ihres Geistes auf das Gefühl der Luft, die durch Ihre Nase ein- und ausströmt. Um diesen Prozess zu unterstützen, können Sie zu sich selbst sagen: **»Ich spüre, wie die Luft durch meine Nase ein- und ausströmt.«** Nachdem Sie diese Worte gesagt haben, beobachten Sie einfach Ihre Atmung – achten Sie darauf, ob sie tief oder flach ist, entspannt oder angespannt, ob sie angenehm und frei fließt oder verkrampft und kontrolliert.

⇨ Versuchen Sie nicht, irgendetwas zu verändern – lassen Sie vielmehr zu, dass die unmittelbare Beobachtung des Atems eine positive Veränderungen Ihrer Atmung bewirkt. Das ist der erste Schritt zur Spontaneität – lassen Sie zu, dass Ihre Atmung sich verändert.

Gehen Sie nun zum **zweiten Schritt** über, den Sie bereits kennen: Dehnen Sie Ihr Bewusstsein aus, sodass es gleichzeitig die Bewegungen in Ihrer Brust und Ihrem Bauch umfasst, die durch den natürlichen Atemprozess entstehen. Sagen Sie: **»Ich spüre auch die Bewegungen in meiner Brust und meinem Bauch.«** Und während Sie den Atem in Ihrer Nase, Ihrem Hals, Ihrer Brust und Ihrem Bauch wahrnehmen, seien Sie offen für eine neue Erfahrung – Sie haben diesen Atemzug noch nie zuvor gemacht. Er ist neu, und wenn Sie ihn befreien, wird er Sie unmittelbar mit Ihren tieferen Gefühlen verbinden, genau jetzt.

Machen Sie nun den **dritten Schritt**. Er wird eine unmittelbare positive Veränderung in Ihrer Atemerfahrung herbeiführen. Sagen Sie, in welche Richtung Ihre Atemerfahrung sich bewegen soll: **»Ich bin hier, jetzt – ich atme frei.«**

Der emotionalen Homöostase vertrauen

Das Wort Homöostase gehört zu den wichtigsten Begriffen unserer Sprache. Es kommt aus der medizinischen Terminologie, steht aber für einen grundlegenden physiologischen sowie emotionalen Prozess des menschlichen Organismus. Der Begriff wurde 1932 von Walter Cannon geprägt. Er stammt von den griechischen Worten *homo* »gleich, gemeinsam« und *stasis* »stehen, feststehen« ab.

Die Homöostase ist die Neigung des Körpers, in seinem inneren Milieu einen Gleichgewichtszustand herzustellen und aufrechtzuerhalten, selbst wenn er mit äußeren Veränderungen konfrontiert wird. Ein einfaches Beispiel für die Homöostase ist die Fähigkeit des Körpers, eine gleichmäßige Temperatur aufrechtzuerhalten, egal, welche Temperatur in der Umgebung herrscht. Die Homöostase ist die Eigenschaft eines offenen Systems, seinen Zustand mithilfe multipler dynamischer Gleichgewichtsregulatoren zu steuern, die durch miteinander verbundene Regulationsmechanismen kontrolliert werden. Multizelluläre Organismen benötigen ein homöostatisches inneres Milieu, um zu überleben; viele Umweltschützer glauben, dass dieses Prinzip auch für die Umwelt gilt. Viele ökologische, biologische und soziale Systeme sind homöostatisch. Wenn es einem solchen System nicht gelingt, sein Gleichgewicht wiederherzustellen, kann dies dazu führen, dass das System schließlich versagt.

Immer mehr klinische Psychologen und Psychiater stellen fest, dass beim Menschen physische Prozesse ablaufen, um die emotionale Homöostase aufrechtzuerhalten. Bei zu viel Angst oder Stress greift der Körper häufig regulierend ein und schaltet die Angst- oder Stressursache aus. Wenn wir zum Beispiel in Ängsten festhängen oder unsere Emotionen blockiert sind, ist unsere Atmung chronisch angespannt und unser Körper sehnt sich nach mehr Sauerstoff, sodass der Gähnreflex oder auch der Streckimpuls aktiviert wird.

Die Atmung und freie Bewegungen des Körpers werden am meisten durch die Gedanken und Bilder eingeschränkt, die ständig unseren Geist dominieren. Kognitionspsychologen sind sich zum größten Teil einig, dass psychischer Stress hauptsächlich durch negative kognitive Aktivitäten erzeugt wird. Wir können negative Gedanken haben, die eine schreckliche Anspannung erzeugen und unseren Körper aus dem Gleichgewicht bringen.

Ein Beispiel dafür ist unsere Atmung; Sie wissen, wie gut es sich anfühlt, wenn Ihre Atmung entspannt und frei ist. Und Sie wissen, wie schlecht es sich anfühlt, wenn Ihre Gedanken eine Angstreaktion in Ihrem Körper auslösen. Achten Sie jedoch einmal darauf, was geschieht, wenn Sie Ihre Aufmerksamkeit bewusst auf Ihre Atmung richten, so, wie Sie es gerade getan haben und hoffentlich auch jetzt noch tun, während Sie diese Worte lesen. Sobald Sie bemerken, dass Ihre Atmung angespannt, verkrampft oder flach ist, wird der Prozess der Homöostase aktiviert – Ihre Atmung vertieft sich und wird befreit. Ah!

⇨ Sobald Sie Ihre Atmung befreien, bewegen Sie sich auf ein emotionales Gleichgewicht zu. Dies ist der Weg zu emotionaler Aufrichtigkeit, Reinheit und Einfachheit.

Die Fokussätze sind aktivierende Aussagen. Sie setzen eine Kettenreaktion in Ihrem Inneren in Gang. Sie müssen lediglich den Fokus Ihrer Aufmerksamkeit auf ein Ziel ausrichten, damit der Körper beginnen kann, Korrekturen vorzunehmen und die Homöostase wiederherzustellen.

Solange Sie alles automatisch ablaufen lassen und Ihre Aufmerksamkeit nicht auf Ihren gegenwärtigen Zustand richten, ist es für den Körper sehr schwer, seine emotionale Balance und Gesundheit wiederzuerlangen. Doch sobald Sie Ihr Schicksal bewusst in die Hand nehmen und sich entschließen, Ihre Aufmerksamkeit so auszurichten, dass Ihr Bewusstsein für Ihren Zustand im gegenwärtigen Moment erweckt wird, setzt ein Prozess der Selbstkorrektur ein und es kommt zu einer ganzen Reihe von Veränderungen.

Ich fordere Sie immer wieder dazu auf, sich stets Ihrer Atmung bewusst zu sein, da dieser Atem-Anker Ihnen so wunderbar helfen wird. Wenn Sie den Knopf für das Atembewusstsein drücken, aktivieren Sie damit Ihr gesamtes Potenzial, in einer bestimmten Situation einen optimalen emotionalen und physischen Zustand herzustellen. Überdies tun Sie sich selbst etwas Gutes. Sie schalten rasch von einem unangenehmen, angespannten Zustand auf eine angenehme Erfahrungsqualität um.

■ »Ich befreie meine Atmung. Ich erlaube mir, mich gut zu fühlen.«

Sagen Sie es – tun Sie es!

Sich spontan auf jemanden einlassen

Lassen Sie uns dieses Kapitel beenden, indem wir uns speziell auf den Moment der Begegnung konzentrieren. Sie haben sich mithilfe unserer Methode so gut wie möglich auf das Treffen vorbereitet. Nach der Vorbereitung kommt es zur tatsächlichen Begegnung. Es kann eine persönliche Begegnung von Angesicht zu Angesicht sein, ein Telefongespräch oder auch eine Videokonferenz.

Genau in diesem Moment, da sie von Angst befallen werden, verlieren die meisten Menschen ihr Atembewusstsein wieder. Plötzlich muss alles wieder automatisch funktionieren und die gewohnten gesellschaftlichen Regeln und emotionalen Begrenzungen rücken in den Vordergrund.

▲ Gehen Sie es langsam an, entspannen Sie sich und räumen Sie sich - wie besprochen - etwas Zeit und Raum ein. Verlagern Sie Ihre Aufmerksamkeit zu diesem Zweck auf die Luft, die durch Ihre Nase ein- und ausströmt… und auf die Bewegungen in Ihrer Brust und Ihrem Bauch… und erweitern Sie Ihr Bewusstsein, um auch die Gefühle in Ihrem Herzen mit einzuschließen, während Sie atmen… dehnen Sie Ihr Bewusstsein dann ganz aus, um Ihren gesamten Körper im Raum wahrzunehmen… und erweitern Sie es nun abermals aus Ihrem geerdeten Zentrum heraus, sodass es auch den Menschen umfasst, dem Sie begegnen. ▲

Das ist der Prozess. Und wenn Sie Ihren inneren Fokus verlieren, machen Sie den Prozess einfach erneut durch, während Sie sprechen. Besonders wenn Sie dem anderen zuhören, werden Sie die Gelegenheit haben, Ihr inneres Zentrum wiederzufinden und aufrechtzuerhalten. Das werden wir im nächsten Abschnitt noch genauer untersuchen.

⇨ Erinnern Sie sich immer wieder an die folgenden goldenen Worte: **»Ich erlaube mir, mich gut zu fühlen.«** Diese Aussage ist kurz und prägnant und erzielt die erwünschte Wirkung.

Die Worte werden Ihr Bewusstsein daran erinnern, auf angenehme Gefühle in Ihrem Körper ausgerichtet zu bleiben, egal, was geschieht. Selbst bei schwierigen Begegnungen können Sie so eine positive Präsenz aufrechterhalten – und auf natürliche Weise eine Führungsrolle einnehmen.

Während Sie Ihre Atmung befreien, setzen Sie auch Ihre Emotionen frei. Und Sie befreien Ihre Bewegungen. Wenn Sie entspannt sind, sich in Ihrem Körper wohl fühlen und sich Ihrer physischen Präsenz bewusst sind, identifiziert die homöostatische Funktion Ihres Nervensystems automatisch angespannte Körperhaltungen, die weiterhin

Stress erzeugen, sodass Sie Ihre Position spontan verändern und sich etwas bewegen werden. Der Satz »Ich erlaube mir, mich gut zu fühlen« umfasst automatisch die Erlaubnis, sich zu bewegen, wenn Ihnen danach ist, sowie Stress zu reduzieren und angenehme Gefühle im Körper entstehen zu lassen.

Der Körper empfindet es grundsätzlich als angenehm, sich zu bewegen. Zu lange in einer Position zu verharren erzeugt stets Anspannung und Stress. Natürlich gibt es Ausnahmen von dieser Regel, wie zum Beispiel beim Yoga. Aber generell hemmt es uns, wenn wir uns zu lange nicht bewegen und den entstehenden Stress nicht freisetzen können.

⇨ Sobald Sie sich Ihres gesamten Körpers bewusst werden, hier in diesem gegenwärtigen Moment, wird die Selbstkorrektur aktiviert und Sie bewegen sich, sodass Ihr Körper sich weniger gestresst fühlt und entspannter wird. Geben Sie sich selbst die Erlaubnis, sich zu bewegen, wenn Sie möchten. Auf diese Weise verhalten Sie sich in Gegenwart des anderen natürlich und überzeugend.

Betrachten wir nun noch einige Variablen, die bei einer Begegnung eine Rolle spielen können, und erkunden wir, in welcher Hinsicht eine Begegnung jeder anderen ähnelt und in welcher Hinsicht sie einzigartig ist: Die Einzigartigkeit einer Begegnung (der Moment hat sich noch nie zuvor ereignet – Sie haben sich noch nie genau so gefühlt wie in diesem Moment) sollte stets geachtet und gefördert werden. Wenn eine Begegnung erfolgreich verläuft, wird sie eine einzigartige Erfahrung für alle Beteiligten sein. Daher hilft es Ihnen auch nicht viel, eine gewisse Verhaltensroutine zu entwickeln und bestimmte Floskeln parat zu haben, die Sie jedes Mal einsetzen.

Der einzige sichere Weg zum Erfolg besteht darin, spontan zu sein, denn wenn Sie sich die Erlaubnis geben, in jedem Moment frei und natürlich auf die Situation zu reagieren, sind Sie in der Lage, sich in diesem einzigartigen Moment ganz einzubringen.

Rituale gefällig?

Wenngleich jeder Moment einzigartig ist und spontanes Handeln überaus wertvoll, möchte ich auch darauf hinweisen, dass bestimmte Rituale bei Begegnungen ebenfalls eine wichtige Rolle spielen können. Sie helfen Ihnen beispielsweise, Raum und Zeit zu schaffen.

⇨ Allzu häufig wirken die ersten Momente einer Begegnung hektisch, so als hätte man keine Zeit, sich über den eigentlichen Zweck des Treffens hinaus auf den anderen einzulassen. Wenn Sie aber andererseits sofort zur Sache kommen, werden Sie keine Zeit und keinen Raum haben, um Ihrem Gegenüber auf der Herzensebene zu begegnen.

Daher empfehle ich Ihnen, für Ihre Begegnungen kleine Rituale zu entwickeln, die etwas Zeit und Raum erfordern. Auf diese Weise gewinnen Sie diese beiden wichtigen Elemente automatisch.

- In der Regel werden Sie andere Menschen im Stehen begrüßen und sich dann an den Platz begeben, von dem aus Sie Ihre Unterhaltung führen werden. Diese Bewegung findet innerhalb einer bestimmten Zeit statt, und wenn Sie sich währenddessen Ihres Körpers bewusst bleiben, anstatt bereits daran zu denken, was Sie anschließend tun oder sagen werden, schaffen Sie Raum zum Atmen für Sie beide.

⇨ Lassen Sie etwas Zeit verstreichen. Übereilen Sie nichts. Genießen Sie Ihre Bewegungen. Und wenn Sie sich setzen, sollten Sie nicht sofort beginnen zu reden. Geben Sie der Stille Raum, wann immer Sie können.

Wenn Sie diese Stille miteinander genießen können, erleben Sie bereits den wichtigsten zwischenmenschlichen Moment der Begegnung – Ihr Zusammensein. Schließlich sind wir menschliche Wesen und das bedeutet, dass unsere Identität vorwiegend durch das Sein, nicht durch das Tun geprägt ist. Lassen Sie daher etwas Zeit verstreichen, während Sie einfach den Raum mit dem anderen Menschen teilen. Seien Sie sich Ihrer Atmung, Ihres Herzens und der Präsenz Ihres Körpers bewusst. Nehmen Sie sich Zeit, den anderen zu erleben.

- Eine weitere Möglichkeit, etwas Zeit und Raum zu gewinnen, damit der andere sich entspannen kann, besteht darin, ihm seinen Mantel abzunehmen oder ihm ein Getränk anzubieten. Während Sie das tun, sollten Sie an nichts anderes denken. Bringen Sie Ihren Geist zur Ruhe und bleiben Sie auf den gegenwärtigen Moment ausgerichtet. Plötzlich teilen Sie sich die Luft mit dem anderen, sie empfangen Signale seines Herzens und seines Geistes und nehmen ihn visuell wahr. All das erfordert Zeit. Tun Sie daher, was Sie können, um die Zeit auszudehnen. Und werden Sie zu einem Empfänger, der auf die eingehenden Impulse reagiert – spontan.

- Schließlich können Sie sich entweder auf einem Stuhl niederlassen oder dem anderen stehend in die Augen sehen. Atmen Sie dabei entspannt durch, sodass die Kommunikation klar und deutlich wird. Es gibt keinen Druck. Jeder kann entspannt sein und die Gesellschaft des anderen genießen. Entspannen Sie in einem solchen Moment Ihre Gesichtsmuskeln, damit sich kein aufgesetztes Lächeln einschleicht. Und bringen Sie dann mit einem ehrlichen Lächeln Ihren inneren Zustand der Ruhe und Offenheit zum Ausdruck.

- An diesem Punkt kann ein weiteres Ritual spontan einsetzen: Sie können eine Unterhaltung beginnen, die sich nicht auf den eigentlichen Zweck der Begegnung konzentriert; erkundigen Sie sich nach dem Befinden oder dem persönlichen Leben Ihres Gegenübers. Wenn nötig, können Sie eine Reihe von Fragen bereithalten, die Ihr ehrliches Interesse bekundet. Sie können den anderen beispielsweise fragen, wie seine Anreise war, eine positive Bemerkung über ihn machen oder etwas anderes sagen, das zur Entspannung und Offenheit beiträgt.

⇨ Währenddessen sollten Sie sich stets Ihrer eigenen Atmung sowie der Gefühle in Ihrem Herzen bewusst bleiben und Ihr Bewusstsein weiter ausdehnen, um all die Dinge wahrzunehmen, die Ihre Sinne auf allen Ebenen empfangen.

- Wenn Ihr Gesprächspartner aufgeregt oder verärgert scheint, können Sie ihn fragen, wie es ihm geht. Dann kann er darüber sprechen und emotional Dampf ablassen. Und wenn er nur einen Moment dasitzen möchte, ohne sofort ein Gespräch zu beginnen, sollten Sie ihm so viel Zeit und Raum geben, wie er braucht. Damit können Sie jemandem, der vielleicht bereits stundenlang unter Druck stand, ein großes Geschenk machen. Geben Sie ihm Raum, um sich zu entspannen, um seine Gefühle zum Ausdruck zu bringen – schenken Sie ihm Freiheit, so, wie Sie sich selbst Freiheit gewähren!

Dritter Schritt

Mit dem Herzen dabei sein

7

Mit ruhiger Anteilnahme zuhören

Wir kommen nun zur Kernphase jeder geschäftlichen Begegnung. Sie haben bereits eine gewisse Zeit mit einem oder mehreren Kunden oder Geschäftspartnern verbracht und sind bereit, über das Eigentliche zu reden. Sie kennen Ihre Absicht und Aufgabe. Sie sollten die Bedürfnisse Ihrer Kunden erkennen und Ihr Bestes tun, um sie zu erfüllen. Gleichzeitig sollten Sie sich bemühen, Ihren Kunden etwas zu verkaufen oder eine Dienstleistung für sie zu erbringen, sodass sowohl Ihrem Arbeitgeber als auch Ihnen selbst gedient ist. Aber wenn Sie beabsichtigen, eine Verbindung zu Ihren Kunden aufzubauen, damit diese eine positive emotionale Erfahrung machen, sollten Sie in dieser Phase der Begegnung den folgenden Plan im Kopf haben.

Erstens: Zunächst müssen Sie ein meisterhafter Zuhörer werden, damit Ihr Gegenüber sich beachtet und gut betreut fühlt. Wahrscheinlich kommt Ihr Gesprächspartner mit irgendeinem Bedürfnis zu Ihnen. Daher besteht Ihre Aufgabe erst einmal darin, ihn reden zu lassen, damit er Ihnen sein Anliegen erklären kann. In diesem Kapitel werden wir uns mit den verschiedenen Aspekten erfolgreichen Zuhörens befassen.

Zweitens: Während Sie dem anderen ruhig zuhören und überlegen, wie Sie seine Wünsche am besten erfüllen können, sollten Sie daran denken, dass es nicht Ihr oberstes Ziel ist, ihn zu etwas zu drängen, sondern dafür zu sorgen, dass ihm tatsächlich gedient ist. Nur wenn Sie sich selbst dem Kunden gegenüber loyal verhalten, erreichen Sie, dass auch er gegenüber Ihrem Unternehmen loyal ist und gerne wieder kommt. Wir werden im nächsten Kapitel noch genauer darauf eingehen.

Drittens: Wenn die Begegnung dem Ende zugeht, sollten Sie erneut »über das Produkt hinaus« auf den anderen eingehen. Nehmen Sie ihn als einen Menschen wahr, den Sie gerne wieder sehen möchten. Erlauben Sie Ihrem Herzen, offen zu bleiben, und bringen Sie dem anderen weiterhin warmherzige Gefühle entgegen, sodass er sich nicht nur aufgrund seines Geldes geschätzt fühlt. Diesen Aspekt werden wir im letzten Kapitel dieses dritten Abschnitts beleuchten.

Mit dem Herzen zuhören

Ob Sie ein guter Zuhörer sind, hängt davon ab, wie viel Aufmerksamkeit Sie den Dingen widmen, die Sie tatsächlich hören.

Während meiner therapeutischen Arbeit habe ich festgestellt, dass die meisten von uns in der Regel nicht gut zuhören. Wir konzentrieren uns stärker darauf, was wir erwidern werden, als darauf, was der andere tatsächlich sagt. Wir widmen anderen Menschen längst nicht unsere gesamte Aufmerksamkeit – weil diese bereits einen Schritt voraus ist und sich eine schlaue Antwort ausdenkt.

Wenn Sie mit jemandem zusammen sind, können Sie ihm ein Geschenk machen, das er schätzen und auf das er reagieren wird – schenken Sie ihm beim Zuhören Ihre gesamte Aufmerksamkeit. Aber was können Sie tun, wenn Sie dazu neigen, sich stärker auf Ihre eigenen Gedanken zu konzentrieren als auf die des anderen? Wie können Sie aus dieser Gewohnheit ausbrechen?

Auch hier setzt die Lösung wieder beim Atembewusstsein im gegenwärtigen Moment an. Ihre Gedanken ziehen Sie aus dem gegenwärtigen Moment fort. Tun Sie daher etwas, das Sie wieder dorthin zurückbringt, wo die Stimme Ihres Gegenübers zu vernehmen ist.

▲ Bleiben Sie mit der Hälfte Ihrer Aufmerksamkeit bei Ihrer eigenen Atemerfahrung und Ihrer gegenwärtigen physischen Präsenz im Raum und richten Sie die andere Hälfte Ihrer Aufmerksamkeit auf die Worte des anderen. Natürlich sollten Sie einen Teil Ihrer Aufmerksamkeit auch auf die visuelle Präsenz Ihres Gegenübers richten.

Wie wir gesehen haben, kommen alle Gedanken zum Stillstand, wenn Sie sich auf zwei oder mehr sinnliche Wahrnehmungen gleichzeitig konzentrieren. Schaffen Sie daher sofort Abhilfe, wenn Sie nicht gut zuhören. Sagen Sie einfach die folgende Kurzformel zu sich selbst: **»Atem . . . Herz . . . Stimme«** und erleben Sie Ihren eigenen Atem, die Gefühle in Ihrem Herzen sowie die Worte, die der andere spricht. Genau so! Sie sind vollkommen präsent für diesen Menschen! ▲

Üben Sie diesen mentalen Umschaltprozess in den nächsten zwei Wochen immer wieder, um das »Zuhören mit voller Aufmerksamkeit« zu meistern. Geben Sie sich Zeit, aber denken Sie daran, dass Sie den Prozess üben müssen, da Sie ihn sonst nicht gut beherrschen werden. Ich habe ihn so einfach wie möglich gestaltet, da ich weiß, wie schwer es ist, während einer Begegnung einen komplexen inneren Prozess durchzuführen. Aber nichts hält Sie davon ab, innerlich drei Worte zu wiederholen, während Sie jemandem zuhören: »Atem . . . Herz . . . Stimme«.

Anfangs werden Sie feststellen, dass Ihre Aufmerksamkeit zwischen Ihrer Atmung, Ihrem Herzen und der Stimme des anderen Menschen hin und her springt. Doch dann werden Sie plötzlich erleben, wie Ihr Bewusstsein sich ausdehnt, sodass Sie alles auf einmal wahrnehmen können. Das ist Ihr Ziel – für den anderen präsent zu sein und mit ganzer Aufmerksamkeit alles zu hören, was er sagt. So hören Sie »mit dem Herzen« zu. Ihr Gesprächspartner wird Ihre Präsenz bemerken und diese sehr zu schätzen wissen.

Vergessen Sie Ihre Gesprächstaktik!

Ich bin mir bewusst, dass viele von Ihnen spezielle Strategien erlernt haben, die Sie in einer geschäftlichen Besprechung oder bei einem Verkaufsgespräch gerne einsetzen möchten. Möglicherweise befürchten Sie, dass Sie Ihr Verhandlungsgeschick verlieren werden, wenn Sie Ihre Gedanken zur Ruhe bringen. Aber in der Regel wird genau das Gegenteil passieren. Wenn Sie nicht mit dem Herzen zuhören, hängen Sie in Strategien aus der Vergangenheit oder in Zukunftsprojektionen fest und können nicht auf die Bedürfnisse des anderen eingehen.

⇨ Ihre vorgefertigte Verkaufs- oder Verhandlungsstrategie wird daher auf taube Ohren stoßen, denn Sie gehen damit nicht darauf ein, was Ihr Gesprächspartner gerade gesagt hat, und ignorieren damit seine Bedürfnisse.

Die beste Strategie besteht darin, die Bedürfnisse des Gegenübers zu verstehen und dann spontan mit der besten Lösung darauf zu reagieren, die Ihr Verstand und Ihre Kreativität Ihnen liefern. Verkäufer, die möglichst viele Informationen über die Bedürfnisse der Kunden sammeln, werden immer erfolgreicher sein als Verkäufer, die ihre Aufmerksamkeit nicht ganz auf das Kundenbedürfnis richten. Daher ist es nur logisch, sich von klugen, vorgefertigten Strategien zu verabschieden und mit ernst gemeintem Interesse auf den anderen einzugehen.

⇨ Damit kommen wir erneut zur psychologischen Dynamik der Spontaneität; sie kann die kreative Funktion des Geistes enorm beflügeln.

Häufig ist es eine komplexe Aufgabe, ein Kundenbedürfnis zu erfüllen. Wenn Sie dem anderen aufmerksam zuhören und dann auf einen Problemlösungsmodus umschalten, können Sie in sich selbst einen kreativen Funken auslösen, sofort eine gute Lösung entwickeln und sie dem Kunden anbieten. Das Gleiche gilt für geschäftliche Besprechungen in einem Unternehmen. Hören Sie zunächst zu und versuchen Sie, ein Problem mit offenem, konzentriertem und empfänglichem Geist in seiner Gesamtheit möglichst gut zu verstehen. Schalten Sie dann auf einen kreativen Modus um, sodass Sie Ideen und Lösungen entwickeln können. Nehmen Sie durch aufmerksames Zuhören alles in sich auf – und formulieren Sie dann klare, realistische Ideen.

Eine positive Kundenerfahrung fördern

Kunden, Klienten oder Mitarbeiter machen eine seltene und wunderbare Erfahrung, während Sie ihnen zuhören. Sie erleben, dass ihnen wirklich jemand Gehör schenkt. Selbst wenn Ihr Gesprächspartner zunächst Dampf ablässt und Ihnen von einem Ereignis erzählt, das auf der Straße passiert ist und eigentlich nichts mit Ihnen zu tun hat, wird er es sehr schätzen, wenn Sie sich die Zeit nehmen, um ihm aufmerksam zuzuhören. Sie haben in diesem Moment einen treuen Kunden, Geschäftspartner oder Kollegen gewonnen.

⇨ All dies wird durch psychologische Tatsachen untermauert; Menschen müssen Gehör finden, um heilen zu können. Wir alle wissen, was für eine Erleichterung es ist, wenn wir etwas Belastendes erlebt haben und dies einem Freund erzählen können.

Viele Therapien basieren auf der Tatsache, dass etwas Besonderes mit uns geschieht, wenn wir jemandem etwas Wichtiges erzählen können und der andere uns wirklich aufmerksam zuhört. Das macht einen guten Freund unschätzbar wertvoll. Er hört uns zu, ohne zu urteilen, ohne irgendetwas zu sagen. Wir können ihm etwas anvertrauen. Dabei geschieht etwas mit uns. Wir werden »es« los und müssen »es« nun nicht mehr alleine tragen.

Seien Sie daher ein guter Zuhörer, egal, worüber jemand mit Ihnen spricht. Er hat offensichtlich das Bedürfnis, etwas mitzuteilen, was er als wichtig empfindet. Vielleicht erzählt er Ihnen auch von seinen Hoffnungen und Plänen. Egal, was es ist, lassen Sie es zu. Seien Sie dem anderen ein Freund, selbst wenn Sie ihm zum ersten Mal begegnen. Das ist der Schlüssel zur Kundenbindung. Seien Sie für den anderen Menschen da, selbst wenn es nur für einige Augenblicke ist. Stellen Sie Ihre eigene Absicht lange genug zurück, um wirklich zu hören, was Ihr Gesprächspartner zu sagen hat. Danach können Sie Ihre Chance nutzen und sagen oder tun, was Sie möchten.

Unangenehme Menschen

Vielleicht denken Sie, dass alles, was ich hier vorschlage, machbar ist, wenn der andere ein sympathischer Mensch ist. Aber wie sieht es aus, wenn Sie mit jemandem zu tun haben, der Ihnen auf den ersten Blick unsympathisch ist oder der schlechte Laune hat? Können Sie trotzdem freundlich und offen bleiben und eine positive Erfahrung mit dieser Person machen?

Nun, es gibt wahrscheinlich einige Fälle, in denen Ihnen dieses nicht möglich sein wird – Sie werden hin und wieder Menschen begegnen, mit denen Sie nicht zurechtkommen. Allerdings können Sie trotzdem die erlernten Prinzipien anwenden.

▲ Wenn Sie jemandem begegnen, der in einer negativen Stimmung gefangen ist, gibt es drei Möglichkeiten: Entweder Sie sind stark und helfen dem anderen dabei, seine Laune zu verbessern, oder Sie lassen sich von der negativen Stimmung Ihres Gegenübers anstecken - oder aber Sie beide entfernen sich voneinander.

⇨ Ich möchte Sie ermuntern, stets positiv gestimmt zu bleiben und dem anderen zu helfen, seine Laune etwas zu verbessern. Er wird Ihnen dafür dankbar sein. Häufig entsteht auf diese Weise eine starke Kundenbindung oder Geschäftspartnerschaft, da Sie den anderen in einem Moment annehmen, in dem er sich schrecklich fühlt. In diesem Augenblick sehnt er sich am meisten nach emotionaler Hilfe, und Sie bringen ihm diese entgegen.

Wie gelingt es Ihnen, heiter zu bleiben, wenn Sie mit einem schlecht gelaunten Gesprächspartner konfrontiert werden?

Sobald Sie feststellen, dass Sie plötzlich Zeit und Raum mit jemandem teilen, der Ihre innere Ruhe und Ihr positives Gefühl im Hier und Jetzt angreift, sollten Sie sich innerlich zurückziehen. Bleiben Sie sich weiterhin der Luft bewusst, die durch Ihre Nase oder Ihren Mund ein- und ausströmt, und auch der Bewegungen in Ihrer Brust und Ihrem Bauch. Halten Sie mit aller Kraft an Ihrem Atem-Anker fest. Er ist Ihre Verbindung zu positiven Gefühlen und Handlungen. Lassen Sie ihn nicht los!

Selbst wenn Sie Ihre Umgebung vorübergehend nicht mehr intensiv wahrnehmen, sollten Sie an Ihrer inneren Ruhe und Heiterkeit festhalten. Dann können Sie Ihr Bewusstsein erneut erweitern, um auch den anderen Menschen in Ihren positiven Bewusstseinszustand mit aufzunehmen.

Finden Sie das innere Gleichgewicht, bei dem Sie sich in Ihrer eigenen Haut wohl fühlen und gleichzeitig etwas von der Präsenz des anderen aufnehmen können. Tun Sie dies in einer möglichst neutralen Art und Weise. Drängen Sie dem anderen Ihre guten Gefühle nicht auf. Beharren Sie lediglich auf Ihrem Recht, im gegenwärtigen Moment gut gelaunt zu bleiben, egal, womit die Welt Sie konfrontiert. Darin liegt Ihre Stärke. Entwickeln Sie diese Stärke, indem Sie sie regelmäßig trainieren.

Wenn ich mit jemandem zusammen bin, der ziemlich unangenehm ist, trete ich häufig einen Schritt zurück oder lehne mich in meinem Stuhl etwas nach hinten, um Raum zum Atmen für mich zu gewinnen. Dann sage ich im Stillen einen speziellen Fokussatz zu meinem Gegenüber:

- »Ich helfe Ihnen gerne dabei, sich besser zu fühlen, wenn Sie möchten.«

Machen Sie dem anderen dieses freundliche Angebot nicht auf eine urteilende Weise, sondern mit dem Bewusstsein, einem Menschen, der offensichtlich leidet oder dessen Gefühle verletzt wurden, etwas Schönes anzubieten.

Es wird Sie überraschen, wie oft Menschen Schritt für Schritt aus ihrer schlechten Stimmung herauskommen und dankbar auf Ihr unausgesprochenes Angebot reagieren.

Sie sollten sich auch gegenüber aufgebrachten Kollegen, Ehepartnern, Kindern und allen anderen Menschen so verhalten. Seien Sie jemand, der anderen zuhört, wenn sie aufgebracht sind. Seien Sie für andere Menschen da. Nehmen Sie Anteil am ihrem Leid und ihrer Freude. Sie müssen sich deshalb nicht von seiner Stimmung anstecken lassen – Sie sollten ihn lediglich so akzeptieren, wie er genau in dem Moment ist.

Sie wissen nie, was einem Menschen kurz vor seiner Begegnung mit Ihnen widerfahren ist. Wenn er aufgebracht oder aus irgendeinem Grund niedergeschlagen ist, muss er wahrscheinlich darüber sprechen, was vorgefallen ist, bevor er sich dem eigentlichen Gesprächsthema widmen kann. Gestatten Sie ihm, sich Luft zu machen; schaffen Sie einen neutralen Raum und geben Sie ihm Zeit, damit er Ballast abwerfen kann. Und wenn Ihr Chef sich darüber beschwert, dass Sie als Therapeut auftreten, anstatt sich um das Geschäftliche zu kümmern, dann muss er diese tiefere Dimension einer Verkaufs- oder Dienstleistungssituation vielleicht noch verstehen lernen.

Grenzen setzen

An einem bestimmten Punkt müssen Sie natürlich eine Grenze setzen. Ich fordere Sie nicht dazu auf, Ihr Verkaufsgespräch oder Ihre Dienstleistung zu vergessen und nur noch anderen Leuten zuzuhören. Sie haben auch ein

Recht darauf, Ihr Anliegen vorzubringen. Manche Menschen wissen nicht, wann sie aufhören müssen zu reden. Und manche werden Sie emotional auslaugen, indem sie sich fortwährend über etwas beklagen.

⇨ Wenn Sie dem anderen anbieten, ihm aufmerksam zuzuhören, und dann feststellen, dass er nicht zum Ende kommt und Ihr Recht ignoriert, ebenfalls gehört zu werden, dann sollten Sie ihn unterbrechen und den Fokus der Begegnung in die Richtung lenken, die in der Situation angemessen ist.

Signalisieren Sie Ihrem Gegenüber aber zunächst immer, dass Sie bereit sind, ihm zuzuhören. Wenn die Person schüchtern oder angespannt ist und ihre Bedürfnisse nicht zum Ausdruck bringen kann, sollten Sie das Gespräch natürlich beginnen. Sie können beispielsweise etwas über Ihre persönlichen Gefühle erzählen und dem anderen somit die Möglichkeit geben, ein guter Zuhörer zu sein. Eine freundschaftliche Beziehung setzt voraus, dass beide zuhören und sich dem anderen mitteilen können. Denken Sie aber stets daran, dass Sie dem anderen Raum und Zeit geben und auf seine Bedürfnisse eingehen sollten.

Ich möchte Sie an dieser Stelle des Buches dazu auffordern, das Lesen zu unterbrechen und sich selbst etwas Zeit und Raum zu schenken. Legen Sie das Buch zur Seite und bringen Sie den Strom der Ideen und Vorschläge zur Ruhe. Richten Sie sich auf Ihre eigenen Gedanken über das bisher Gesagte aus.

Halten Sie nun einige Augenblicke oder länger inne und erleben Sie Ihre Atmung und Ihr Herz. Welche Gedanken kommen Ihnen in den Sinn?

Halten Sie inne und überlegen Sie ...

8

Mit ehrlicher Absicht dienen

Zwei Menschen können genau die gleiche Arbeit mit einer völlig unterschiedlichen Einstellung verrichten. Einer sieht seine Arbeit möglicherweise als wunderbare Dienstleistung, die anderen Menschen hilft, während der andere die gleiche Arbeit als rein egoistische Tätigkeit empfindet, bei der nur seine eigenen Bedürfnisse zählen.

In diesem Kapitel wollen wir uns mit unserer Arbeitseinstellung befassen. Wenn wir herausfinden, welche innere Haltung wir bei der Arbeit haben, können wir erkennen, ob diese uns dienlich ist oder ob wir sie verändern sollten.

⇨ Hat jemand mehr Erfolg, wenn er egozentrisch und nur auf seinen eigenen Vorteil aus ist, oder ist er erfolgreicher, wenn er seine auf Angst basierende egoistische Haltung aufgibt und mit dem Ziel, etwas für andere zu tun, an seiner Empathiefähigkeit arbeitet?

Sehen wir uns noch einmal das Beispiel des Versicherungsvertreters George an. Bevor er den Empathie-Prozess anwendete, dachte er, dass es nie genug von etwas gab und er daher immer möglichst viel für sich ergattern musste, um nicht leer auszugehen. Seine Motivation basierte auf der Überzeugung seines Vaters, dass im Leben stets ein Mangel vorherrschte. Als Kind hatte er befürchtet, nicht genug zu essen zu bekommen und verhungern zu müssen.

Er erlebte, wie sein Vater mithilfe manipulativer Verkaufstechniken versuchte, möglichst viel Wohlstand zu erreichen, um auf diese Weise die Angst vor einem Mangel möglichst weit wegzuschieben. Die ganze Familie entwickelte daher eine egoistische Einstellung und auch George übernahm sie.

Sicherlich kennen viele Mitglieder unserer Gesellschaft schwere Zeiten. Wenn wir uns jedoch von der Angst treiben lassen, vielleicht nicht genug zu bekommen, untergraben wir dadurch wiederum unsere Fähigkeit, Erfolg zu haben und den Mangel zu vermeiden. Sehen wir uns diesen Zusammenhang einmal genauer an.

Konkurrenzdenken oder Zusammenarbeit?

Der Kapitalismus basiert auf einem offenen Markt der Konkurrenz, in dem manche Unternehmen an die Spitze gelangen und andere erfolglos bleiben und untergehen. Der Markt ist ständig in Bewegung und verändert sich.

Diese Konkurrenzsituation veranlasst Unternehmen, ihr Bestes zu geben und gute Produkte sowie Dienstleistungen zu einem möglichst günstigen Preis anzubieten. Auf der Makroebene scheint es besser zu funktionieren, wenn Unternehmen miteinander konkurrieren, als wenn der Staat versucht, den Markt zu regulieren.

⇨ Aber auf der Mikroebene innerhalb der Unternehmen scheint ein Konkurrenzkampf unter den Angestellten den Erfolg zu mindern, während ein solider kooperativer Teamgeist Fortschritt und Erfolg fördert.

Unternehmen sind lebendige Organismen, und die Individuen in diesen Organismen arbeiten alle für ein gemeinsames Ziel: den Erfolg ihres Unternehmens. Wenn die einzelnen Zellen des Organismus beginnen, gegeneinander zu kämpfen anstatt zusammenzuarbeiten, entsteht ein kranker Zustand, der allmählich zum Zusammenbruch führen kann. Bis auf wenige Ausnahmen hat sich der Konkurrenzkampf innerhalb eines Unternehmens als weniger effektiv erwiesen als eine gute Zusammenarbeit unter den Mitarbeitern.

Denken Sie einmal über Ihre eigene Einstellung nach – gehen Sie mit dem tief verwurzelten Gefühl zur Arbeit, gegen Ihre Kollegen kämpfen zu müssen, oder haben Sie die Absicht, fair mit ihnen umzugehen und sich so gut wie möglich für Ihr Unternehmen einzusetzen? Welche Einstellung haben Sie von Ihrer Familie oder der Gesellschaft übernommen und welche Haltung wird Ihnen in der Zukunft am dienlichsten sein?

Sie haben die Möglichkeit, sich zu entscheiden, mit welcher Einstellung Sie zur Arbeit gehen. Mithilfe meiner Programme können Sie Ihre Absicht in diese Richtungen lenken.

Die Dienstleistungsgesellschaft

Ich erinnere mich an den Vortrag eines wahrlich brillanten Professors an der Princeton-Universität, in dem er den Studenten die Funktionsweise der Wirtschaft erklärte. Seiner Theorie zufolge werden alle Menschen auf der Welt sich in der Zukunft gegenseitig dienen. Wir werden in einer Gesellschaft leben, in der jede Arbeit letztlich eine Dienstleistung für andere Menschen ist – selbst wenn wir sie als egoistischen Akt sehen, der nur uns selbst etwas nützt.

In jedem auf Geld basierenden Wirtschaftssystem geht es darum, Bedürfnisse von Menschen zu erkennen und diese im Austausch gegen Geld zu erfüllen. Wenn es keine Bedürfnisse gäbe, würde niemand etwas für bestimmte Leistungen bezahlen.

⇨ Unsere Arbeit ist stets ein Service, den wir für Geld oder im Austausch gegen etwas anderes erbringen. Wir alle dienen anderen Menschen – darum geht es bei der Arbeit.

Selbst die höchsten Führungskräfte haben eine Servicerolle. Geschäftsführer dienen dem Vorstand sowie den Angestellten des Unternehmens, indem sie es zum Erfolg führen. Investoren dienen einem Unternehmen, da sie das nötige Kapital bereitstellen. Manager dienen den Angestellten, Führungskräften und Aktieninhabern, indem sie dafür sorgen, dass gut und termingerecht gearbeitet wird. Nicht nur das Reinigungspersonal hat eine Dienstleistungsrolle in einem Unternehmen. Jeder Mensch geht zur Arbeit, um die Bedürfnisse anderer zu erfüllen. Andernfalls gäbe es keine Wirtschaft und kein Gehalt.

Historisch betrachtet, war der Begriff des Dienens aufgrund der traditionellen Rolle von Sklaven oder Dienern und ihren »Herren« stets negativ besetzt. Die Rollen haben sich mittlerweile natürlich stark verändert, aber nach wie vor gibt es den Begriff des Dienens. Wir dienen anderen, um unseren eigenen Lebensunterhalt zu verdienen.

Wie sieht Ihre Einstellung diesbezüglich aus? Haben Sie das Gefühl, anderen Menschen zu dienen? Und was halten Sie davon? Haben Sie ein gutes Gefühl, wenn Sie anderen dienen können, oder möchten Sie diese Rolle gar nicht spielen?

Halten Sie inne und überlegen Sie …

Anderen Menschen dienen

Zunächst war die Vorstellung, anderen Menschen zu dienen, für George ein Gräuel. Er liebte das Gefühl, nur für sich selbst zu arbeiten und niemandem dienen zu müssen. Seine Mutter musste einmal eine Weile bei anderen Leuten putzen und die Wäsche waschen, als die Familie wenig Geld hatte, und ihr gefiel diese Dienstrolle überhaupt nicht. Auch sein Vater wollte nicht akzeptieren, dass sie für reiche Leute arbeiten musste. George lehnte die Vorstellung, anderen zu dienen, daher grundsätzlich ab. Es gefiel ihm vielmehr, wenn andere ihm dienten, da es ihm ein Gefühl der Macht verlieh.

Aber George fühlte sich auch isoliert und einsam und in gewisser Weise von den Menschen in seinem Umfeld abgeschnitten. Er verurteilte andere schnell und baute sein eigenes Ego auf diese Weise auf. Wenn er sich mit Kunden traf, lehnte er diese innerlich häufig ab – denn er verachtete Menschen, die sich von ihm manipulieren ließen.

Wir haben bereits gesehen, zu welchem Ergebnis Georges Handeln führte; anstatt einen ehrlichen herzlichen Kontakt zu seinen Kunden aufzubauen und mit ihnen zusammenzuarbeiten, verscherzte er es sich mit ihnen.

Menschen wie George brauchen häufig etwas Zeit, um zu erkennen, dass ihre negative Einstellung ihr Leben sabotieren kann. Aber wenn ihnen der logische Zusammenhang schließlich klar wird, versuchen sie ihr Leben zu verändern. Wie wir bereits gesehen haben, neigen unsere Einstellungen und unsere Gefühle stark zur Homöostase und einem gesunden inneren Gleichgewicht. Sobald wir erkennen, dass unsere negativen Einstellungen uns nicht dienlich sind, beginnen wir von einer selbstzerstörerischen, angstbehafteten Haltung auf eine positivere Einstellung umzuschalten.

Hilfreiche Tipps für die Begegnung

Es ist leicht, in alte Verhaltensmuster zurückzufallen, wenn man mit Menschen zu tun hat, die eine negative Stimmung verbreiten. Im Folgenden sind einige Punkte aufgeführt, die Sie sich vor einer Begegnung vergegenwärtigen sollten. Nach dem Treffen sollten Sie die Liste erneut durchgehen und darüber nachdenken, wie gut Sie die einzelnen Tipps umgesetzt haben und was Sie beim nächsten Mal anders machen könnten.

1. Tipp: Denken Sie daran, sich Ihrer Atmung und Ihres Herzens bewusst zu bleiben, sodass Sie dem anderen Menschen dienen, indem Sie ihm Ihre **gesamte Aufmerksamkeit schenken.**

2. Tipp: Hören Sie Ihrem Gegenüber **wirklich zu**, damit er sieht, dass Sie sich für seine Bedürfnisse interessieren und bereit sind, ihm zu helfen, wenn Sie können.

3. Tipp: Denken Sie an den Fokussatz **»Ich bin hier, um dem anderen bei der Erfüllung seiner Bedürfnisse zu helfen«**. Sagen Sie diesen Satz während der Begegnung mehrere Male als Absichtserklärung zu sich selbst.

4. Tipp: Konzentrieren Sie sich darauf, die **Bedürfnisse** des anderen **zu erkennen** und sie nach Möglichkeit **zu erfüllen**, anstatt Ihre eigene Absicht durchzusetzen.

5. Tipp: Wenn Sie selbst Ihrem Kunden nicht weiterhelfen können, aber wissen, an wen er sich wenden kann, sollten Sie ihn entsprechend beraten und ihm auf diese Weise dienen.

Sinnvolle Opfer bringen

Für das Geschäftsleben scheint der letzte Tipp auf den ersten Blick vielleicht nicht geeignet zu sein. Denn welchen Vorteil sollte es für das eigene Unternehmen haben, wenn man Kunden zur Konkurrenz schickt, die das Bedürfnis der Kunden besser erfüllen? Ein Unternehmen ist ein Organismus, der ein langes gesundes Leben haben möchte und daher nicht versuchen sollte, kurzfristig alles an sich zu raffen, nur um dann unterzugehen. Kurzsichtige egoistische Handlungen werden einem Unternehmen langfristig meistens schaden.

⇨ Grundsätzlich haben sich Strategien, die langfristige Folgen nicht berücksichtigen, als überaus schädlich erwiesen, selbst wenn der Druck, möglichst schnell Gewinne zu erzielen, ein Unternehmen manchmal zu raffgierigen Aktionen verleitet.

Langfristig werden Kunden nicht mehr wieder kommen, wenn sie erkennen, dass ihnen ein schlechtes Produkt verkauft oder kein guter Service angeboten wurde. Darüber hinaus werden sie mit ihren Freunden über diese negative Erfahrung sprechen, sodass der Ruf des Unternehmens darunter leidet.

Viele Angestellte haben noch immer mit Managern und Unternehmensinhabern zu kämpfen, die nicht erkennen, dass kleine Opfer langfristig zu Gewinnen führen. Wenn ein Chef einen Mitarbeiter rügt, weil dieser einem Kunden dadurch dient, dass er ihm nichts verkauft, kann der Mitarbeiter seinem Chef diese einfache Logik vielleicht erklären. Auf diese Weise kann es zur Unternehmenspolitik werden, einem guten Service Priorität vor kurzfristigen Gewinnen einzuräumen.

Diese Logik gilt für alles, was man im Leben tut. Jemand, der anderen Menschen in seinem Bekanntenkreis, innerhalb der Familie und am Arbeitsplatz dient, bekommt am Ende mehr als jemand, der nur auf seinen eigenen Vorteil bedacht ist und anderen nur hilft, wenn er sofort etwas dafür bekommt. Dieses Prinzip gilt auf der ganzen Welt. Wer Liebe schenkt, der bekommt Liebe. Wer anderen Aufmerksamkeit und Energie schenkt, der bekommt dies auch zurück.

⇨ Wer etwas empfangen möchte, sollte daher nicht daran denken – er sollte geben und anderen großmütig dienen, dann wird er in seinem Leben ebenfalls reich beschenkt werden.

Davon abgesehen, verleiht es uns ein gutes Gefühl, wenn wir geben. Unser Herz freut sich, wenn wir geliebt werden und anderen dienen können. Wir fühlen uns weniger gestresst und es fördert unsere Gesundheit, wenn wir an Gruppenaktivitäten teilnehmen.

Wer geizig und egoistisch ist, beraubt sich der Vitalität, die das Leben nährt. Wenn wir uns darauf konzentrieren zu geben und zu teilen, fördern wir dagegen die Vitalität, die uns alle am Leben erhält. Und wenn wir in eine geschäftliche Besprechung oder ein Verkaufsgespräch mit der Absicht hineingehen, die Erfahrung zu genießen und anderen zu dienen, verbreiten wir eine gute Stimmung und der Umsatz wird langfristig steigen. Das ist eine klare Logik. Sie sollten beginnen, sie umzusetzen.

9

Sich auf den anderen einlassen

Wir haben gesehen, wie wir unseren Empathie-Quotienten vor einer Begegnung, am Anfang einer Begegnung sowie während einer Begegnung fördern können. In diesem Kapitel werden wir uns damit befassen, wie wir eine Begegnung am besten zum Abschluss bringen.

▲ Tun Sie zunächst das, was Sie auch am Anfang einer Begegnung tun; atmen Sie tief durch und schaffen Sie Raum zum Atmen für Ihren Gesprächspartner. ▲

Es ist gut möglich, dass Ihr Gegenüber sich am besten an die letzten Momente der Begegnung erinnern wird. Daher sollten Sie auf den anderen ausgerichtet bleiben und sich etwas Raum und Zeit gönnen, um sich auf eine schöne Weise von ihm zu verabschieden.

Sie können die Begegnung positiv ausklingen lassen, indem Sie erneut zu sich selbst sagen: **»Ich erlaube mir, mich jetzt gut zu fühlen«**, und zulassen, dass diese Worte Ihre Aufmerksamkeit auf Ihre innere Erfahrung lenken. Sobald Sie Ihre Aufmerksamkeit auf eine innere Anspannung richten, wird sich diese zu lösen beginnen. Vielleicht stehen Sie auf und gehen auf Ihr Gegenüber zu, um sich von ihm zu verabschieden. Das ist eine gute Gelegenheit, um die Bewegung zu genießen und stärker zu Ihrer ganzkörperlichen Wahrnehmung des gegenwärtigen Moments zurückzukehren. Und wenn Sie sich Ihrer Atmung und Ihres Herzens wieder bewusst werden, hilft es Ihnen jetzt ebenso wie am Anfang einer Begegnung.

▲ Beenden Sie das Gespräch, indem Sie sich vollständig von allem Geschäftlichen lösen, egal, was während des Treffens geschehen ist. Genießen Sie die Gesellschaft des anderen und nehmen Sie ihn mit offenem Herzen so an, wie er ist. Genießen Sie Ihre eigene Präsenz gleichermaßen. Seien Sie einfach einen Moment lang gemeinsam mit dem anderen »da«. ▲

So entstehen zwischenmenschliche Bindungen – man genießt die einfache Erfahrung, gemeinsam Zeit im gleichen Raum miteinander zu verbringen.

Über das Geschäftliche hinausgehen

Während einer Begegnung spielt man mit einem oder mehreren Partnern ein von allen Beteiligten akzeptiertes Spiel. Man trifft sich aus einem bestimmten Grund und möglicherweise findet ein Austausch von Dienstleistungen, Geld, Gütern oder Hilfeleistungen statt. Vielleicht haben Sie die Rolle des Vertreters gespielt und Ihr Gesprächspartner die des Klienten oder Kunden. Das ist alles schön und gut, da die Geschäftswelt ein fester Bestandteil unseres Lebens ist.

Am Anfang und am Ende einer Begegnung sollten Sie Ihre Rolle allerdings ablegen und dem anderen jenseits der Begrenzungen begegnen, die eine solche Rolle Ihnen auferlegt.

Sie sollten besonders am Ende des Treffens wissen, wie Sie sich schnell von Ihrer Rolle lösen und einfach mit Ihrem Gesprächspartner »sein« können.

Nutzen Sie hierzu Ihren wirksamen Atem-Anker.

▲ Lauschen Sie den Gefühlen in Ihrem Herzen. Dehnen Sie Ihr Bewusstsein auf die sinnlichen Ereignisse aus, die im Hier und Jetzt geschehen. Lösen Sie sich von Ihren geschäftlichen Zielen und seien Sie ganz die Person, die der andere wahrnimmt - ein Körper in Raum und Zeit, der sich bewegt und Ihre Persönlichkeit sowie Ihre Emotionen und Ihre Absicht zum Ausdruck bringt.

Konzentrieren Sie sich für einen Moment ganz auf Ihren Körper - seien Sie sich gleichzeitig zweier Bereiche Ihres Körpers bewusst, beispielsweise Ihrer Füße und Ihres Kopfes. Dehnen Sie dann Ihr Bewusstsein von dieser Polarität ausgehend weiter aus, um auch das Volumen Ihres Körpers mit einzuschließen. Erweitern Sie es dann erneut, um allen Geräuschen in Ihrer Umgebung sowie auf dem Volumen des Raums, in dem Sie sich befinden, gewahr zu werden.

Lassen Sie Ihre Wahrnehmung dreidimensional werden, damit Sie bei der Verabschiedung vollkommen präsent sind. Vermitteln Sie dem anderen einen Eindruck von sich als Mensch, nicht nur als Repräsentant eines Unternehmens. ▲

Das Produkt vergessen

Solange Ihr Gegenüber das Gefühl hat, dass Sie etwas von ihm wollen (in der Regel handelt es sich um Geld in irgendeiner Form), existiert eine Distanz oder sogar eine Spannung zwischen Ihnen beiden. Schön wäre es, wenn Sie diese Spannung mithilfe meiner Anregungen aus den vorigen Kapiteln bereits weitgehend abbauen konnten. Während Sie sich nun auf das Ende der Begegnung vorbereiten, können Sie die Spannung ganz auflösen.

⇨ Nehmen Sie den anderen losgelöst von seinen und Ihren Bedürfnissen wahr. Lösen Sie sich außerdem von Ihrer Identität als Repräsentant eines Unternehmens.

Wer sind Sie, wenn Sie nicht im Verkaufs- oder Dienstleistungsmodus agieren? Hoffentlich sind Sie jemand, der im gegenwärtigen Moment **»sein«** kann und spontan auf die Dinge reagiert, die um Sie herum geschehen. Wenn Sie vorübergehend all Ihre auf die Zukunft gerichteten Absichten und Bedürfnisse loslassen können, sind Sie in der Lage, sich zu entspannen und einfach nichts zu tun, bis Sie eine spontane Veranlassung spüren, am natürlichen Geschehen in Ihrer Umgebung teilzunehmen.

Wenn Sie also mit jemandem in einem Raum sind, der gerade im Begriff ist zu gehen, können Sie auf diesen Menschen reagieren und sich auf seine Art, Abschied zu nehmen, einstellen. Sie bleiben sich Ihrer Atmung, Ihres Herzens sowie Ihrer ganzkörperlichen Präsenz bewusst und reagieren auf die Bewegungen des anderen. Vielleicht geben Sie ihm die Hand oder begleiten ihn zur Tür. Genießen Sie die Bewegung und die Präsenz Ihres Gegenübers sowie das Gefühl, Zeit mit ihm zu verbringen.

Die Worte, die Sie sprechen, können natürlich spontan sein. Allerdings sollten Sie sich an die Absicht erinnern, den anderen zum Wiederkommen zu ermuntern. Häufig ist der Abschiedsmoment bei einer geschäftlichen Begegnung am unnatürlichsten, vor allem seitens der Angestellten, die ihre Kunden irgendwie dazu bringen möchten, in der Zukunft wieder zu kommen.

Anstatt zu befürchten, dass der andere vielleicht nicht mehr wieder kommt, und aus dieser Sorge heraus übertrieben freundlich und gekünstelt zu wirken, sollten Sie möglichst ruhig bleiben und sich auf Ihr Herz konzentrieren. Auf diese Weise können Sie ein Gefühl der Anteilnahme und Akzeptanz ausstrahlen.

⇨ Dieses freundschaftliche Gefühl bei der Verabschiedung kann sehr subtil sein. Aber die Grundregel gilt immer – um dieses Gefühl zum Ausdruck bringen zu können, müssen Sie es wirklich empfinden. Handeln Sie daher nur, wenn Sie spontan den Impuls dazu verspüren.

Warten Sie auf diesen inneren Funken. Wenn Sie ihn nicht wahrnehmen, sollten Sie nicht viel tun, denn das würde nur aufgesetzt wirken. Geben Sie sich ein paar Wochen Zeit, um diese positive Verabschiedung zu meistern. Konzentrieren Sie sich so gut wie möglich auf Ihr ehrliches Gefühl, selbst wenn es anfangs nicht sehr stark ist. Sie werden bald merken, dass es angenehm ist, sich zu entspannen und den anderen am Ende einer Begegnung nicht zu etwas zu drängen. Lassen Sie vielmehr einen natürlichen Fluss aus Gefühlen und Bewegungen entstehen, um die Begegnung auf eine einzigartige spontane Weise ausklingen zu lassen.

Hilfreiche Worte

Ich möchte Ihnen nun noch ein weiteres Element für einen gelungenen Abschied empfehlen; Sie können bestimmte Fokussätze anwenden, die Ihre Absicht offen und ehrlich zum Ausdruck bringen, ohne den anderen zu manipulieren. Sie verfügen sicherlich über ein bestimmtes Repertoire von Abschiedssätzen, die Sie am Ende von Begegnungen verwenden. Wahrscheinlich ist es völlig in Ordnung, diese auch weiterhin einzusetzen, solange Sie es bewusst und mit einem ehrlichen Gefühl tun.

Die Worte sollten stets aus Ihrem Herzen kommen und nicht auf vorprogrammierte Weise abgespult werden. Sie könnten beim Abschied beispielsweise sagen: »Es wäre schön, Sie wieder zu sehen!.« Wenn Sie einen Herzenskontakt zu diesem Menschen verspüren und wirklich hoffen, dass Sie ihn wieder sehen werden, dann ist es nicht nur ehrlich, diese Worte zu sagen, sondern auch wichtig für Sie beide.

Wenn Sie im Laufe der Begegnung ein Produkt verkauft haben, könnten Sie zum Beispiel sagen: »Ich hoffe, Sie werden damit zufrieden sein.« Sie könnten auch sagen »Kommen Sie bald wieder!« Wenn Sie mit dem Herzen dabei sind, vermitteln Sie dem anderen, dass Sie ihn mögen und er stets willkommen ist. Überdies verankern Sie auf diese Weise eine Erinnerung in seinem Geist, und er wird Ihre Worte mit Ihrem herzlichen Gefühl assoziieren. Diese Assoziation wird ihn stark motivieren, wiederzukommen.

Im Überblick: Ruhiger Geist – offenes Herz

Wir haben bisher erkundet, was geschieht, wenn wir innerlich ruhig werden oder bestimmte Fokussätze sagen, um unsere Aufmerksamkeit gezielt in gewünschte Richtungen zu lenken.

Im Folgenden sind die Techniken zur Steuerung des Geistes und der Emotionen noch einmal im Überblick dargestellt.

1. Psychologisches Judo

Sie können sich eine psychologische Dynamik zunutze machen, um Ihre Gedanken augenblicklich zur Ruhe zu bringen. Dazu richten Sie Ihre Aufmerksamkeit gleichzeitig auf zwei oder mehr physische Wahrnehmungen – die

Luft, die durch Ihre Nase ein- und ausströmt (Wahrnehmung Nummer 1), und die Bewegungen in Ihrer Brust und Ihrem Bauch, während Sie atmen (Wahrnehmung Nummer 2). Wir haben gesehen, dass Sie Ihre Stimmung steuern können, indem Sie Ihre Aufmerksamkeit auf die eigene Atmung richten, da auf diese Weise sofort alle chronischen Gedanken Ihres Geistes zur Ruhe gebracht werden und Sie frei sind, spontan und mit herzerfüllten Emotionen am gegenwärtigen Moment teilzunehmen.

2. Lassen Sie sich vorurteilsfrei auf andere ein

Wenn Sie sich auf urteilende Gedanken fixieren, blockieren Sie die Emotionen Ihres Herzens, sodass Sie diese nicht mehr spüren oder zum Ausdruck bringen können. Nur wenn Sie Ihren Geist beruhigen, können Sie sich auf eine herzliche Kommunikation konzentrieren und eine ehrliche emotionale Beziehung zu einem anderen Menschen aufbauen. Daher sollten Sie stets zu Ihrer Atemerfahrung zurückkehren, wenn Sie Ihre Herzenserfahrung erwecken möchten. Bringen Sie zunächst Ihren Geist zur Ruhe und konzentrieren Sie sich dann auf Ihr Herz. Halten Sie diese Reihenfolge bitte stets ein!

3. Lieben und achten Sie sich selbst

Sie können keine herzlichen empathischen Gefühle gegenüber einem anderen Menschen entwickeln, wenn Sie sich selbst gegenüber das Gegenteil empfinden. Daher sollten Sie vor einer Begegnung regelmäßig prüfen, ob Sie in Selbsturteilen und anderen negativen Gedanken festhängen, die Sie belasten, und diese Gedanken durch positive Fokussätze ersetzen (»Ich achte und liebe mich so, wie ich bin«).

4. Seien Sie spontan

Wenn Sie sich in Gedanken verlieren, sind Sie nicht im gegenwärtigen Moment anwesend. Und wenn Sie nicht auf den gegenwärtigen Moment ausgerichtet sind, können Sie weder mit ganzem Herzen auf einen anderen Menschen eingehen noch spontan sein. Ihr Gesprächspartner merkt, ob Sie ihm ehrliche freundschaftliche Gefühle entgegenbringen oder ob sie vorgetäuscht sind. Üben Sie daher Schritt für Schritt, spontaner zu werden (mit einem ruhigen Geist auf Ihre Umwelt zu reagieren), denn das ist der Schlüssel zum Erfolg bei der Kundenbindung und -zufriedenheit sowie in jeder menschlichen Beziehung.

5. Genießen Sie es, anderen Menschen zu dienen

Sie haben die Wahl, ob Sie Ihre Arbeit als egoistische Manipulation anderer Menschen wahrnehmen, die dazu dient, Ihre eigenen Bedürfnisse zu befriedigen, oder aber als freundlichen Service, mit dem Sie die Bedürfnisse Ihrer Kunden erfüllen. Das Ergebnis kann, oberflächlich betrachtet, das Gleiche sein, aber Sie sind auf einer höheren Ebene erfolgreich, wenn Sie sich auf den Service ausrichten anstatt auf ein egoistisches Handeln. Eine gesunde Geschäftsbeziehung basiert auf einem gegenseitigen Geben und Nehmen. Wenn Sie sich auf das Geben ausrichten, bereiten Sie damit den Pfad zu beidseitiger Zufriedenheit.

6. Hören Sie aufmerksam zu

Sie können die Bedürfnisse von anderen Menschen erst erfüllen, wenn Sie ihnen zuvor aufmerksam Gehör schenken. Es ist wesentlich für eine empathische Beziehung, mit ruhigem Geist und empfänglichem Herzen zuzuhören.

Diesen auf den anderen ausgerichteten Prozess des Zuhörens meistern Sie, indem Sie sich Ihrer Atmung, Ihres Herzens sowie Ihrer ganzkörperlichen Präsenz bewusst bleiben und die Worte Ihres Gesprächspartners wahrnehmen, ohne an eine Antwort zu denken. Seien Sie für den anderen da!

7. Schaffen Sie Zeit und Raum für die Beziehung

Jeder Kontakt zwischen Menschen findet innerhalb von Zeit und Raum statt. Wenn Sie meinen, beispielsweise während eines Kundengesprächs nur für das rein Geschäftliche Zeit zu haben, werden Sie keinen herzlichen Kontakt mit dem anderen erleben, da ein Herzenskontakt eine dreidimensionale Erfahrung ist, die im gegenwärtigen Moment stattfindet. Sie sollten sich daher vornehmen, Zeit und Raum bei der Begegnung zu schaffen, um nicht nur das Geschäftliche abzuwickeln. So können Sie und Ihr Gesprächspartner die Gesellschaft des anderen genießen.

8. Sie haben in jedem Moment die Wahl

In jedem neuen Moment, in dem Sie mit einem anderen Menschen zusammen sind, haben Sie die Möglichkeit, offen, bewusst und freundlich zu sein oder aber in gewohnte mentale und emotionale Stimmungen abzugleiten und die Verbindung zum eigenen Herzen zu verlieren. Bleiben Sie sich Ihrer Atmung stets bewusst und denken Sie an die Entscheidungsmöglichkeiten, die Sie in jeder Phase der Begegnung haben. Das erfordert Übung, daher sollten Sie diese einfachen, aber essenziellen Methoden zum Stimmungsmanagement in den nächsten Wochen und Monaten trainieren.

Vierter Schritt

Die Begegnung nachbereiten

10

Sich an positive Momente erinnern

Unser Leben ist oft so hektisch und ausgefüllt, dass wir keine Zeit übrig haben. Und bei der Arbeit gehen wir nach einer Begegnung meistens unmittelbar zur nächsten Tätigkeit über. In diesem letzten Abschnitt des Buches erläutere ich, wie wichtig es ist, von diesem hektischen Verhaltensmuster umzuschalten und den essenziellen letzten Schritt zu tun, um die Kundenbindung sowie stabile zwischenmenschliche Beziehungen in allen Lebensbereichen zu fördern.

⇨ Wenn Sie nach einer Begegnung wieder alleine sind, sollten Sie sich etwas Zeit nehmen, um die Verbindung zu der Person, mit der Sie gerade zusammen waren, in Ihrem Geist und Ihrem Herzen zu stärken. Entwickeln Sie einen klaren Wunsch und die Absicht, diesen Menschen wieder zu sehen.

Dieser letzte Schritt des Empathie-Programms ist ebenso wichtig wie die anderen drei Schritte. Wenn wir nicht innehalten, die Erfahrung in unser Langzeitgedächtnis sinken lassen und eine langfristige Absicht entwickeln, schaden wir uns in der Zukunft damit. Und wenn wir uns nicht wenigstens ein paar Momente zugestehen, um das positive Gefühl der Begegnung in uns nachklingen zu lassen und mit uns selbst zufrieden zu sein, werden wir den restlichen Tag nicht heiter und energievoll sein. Daher sollten wir dem vierten Schritt des Empathie-Programms die gleiche Bedeutung beimessen wie den vorangegangenen und den Prozess angemessen zum Abschluss bringen.

Unsere Erinnerungsfunktion ist für die psychologische Forschung nach wie vor ein geheimnisvolles Phänomen. Aber wir wissen, dass wir uns mithilfe des Kurzzeitgedächtnisses nach der Begegnung an das Erlebte erinnern müssen, um es in unser Langzeitgedächtnis zu übertragen. Häufig erinnern wir uns automatisch an bestimmte Ereignisse, kurz nachdem wir sie erlebt haben – und so entsteht eine dauerhafte Erinnerung daran, die wir selbst 50 Jahre oder später noch abrufen können. Aber wenn wir eine Erfahrung nicht im Langzeitgedächtnis verankern, wird es später viel schwieriger, sie abzurufen, und manchmal ist es auch unmöglich.

Die Kraft der Sehnsucht

Es erfordert etwas Zeit, einen Moment noch einmal zu durchleben, um ihn als dauerhafte Erinnerung im Gedächtnis zu verankern. Und da Zeit Geld ist, sollte es sich lohnen, wenn wir uns an eine Begegnung erinnern. Es gibt in der Tat einen unmittelbaren Zusammenhang zwischen der Kraft der Sehnsucht und unserem Einkommen, den ich gerne näher erläutern möchte.

Die Sehnsucht wird in der Regel als starkes Bedürfnis definiert, als Appetit, Absicht, Verlangen, Hunger, Durst oder auch als Wunsch nach Dingen, die Spaß, Vergnügen oder Erfüllung verheißen.

Wenn wir uns nach etwas sehnen, verspüren wir den Wunsch, ein Verlangen, einen Appetit oder Hunger, zu stillen. Ohne Verlangen hätten wir keine Veranlassung, wunderbare Mahlzeiten oder fantastischen Sex zu genießen, die Welt zu bereisen und Abenteuer zu erleben, uns in einem gemütlichen Heim niederzulassen oder … einem anderen Menschen wieder zu begegnen.

Die Sehnsucht drängt uns in eine bestimmte Richtung und sendet unsere Wünsche in die Welt aus. Wie bereits erwähnt, hat die Princeton-Studie gezeigt, dass der menschliche Geist die Kraft hat, seine Bedürfnisse, Sehnsüchte und Absichten auszustrahlen und die Funktion empfindlicher Geräte allein durch diese »Kraft der Sehnsucht« zu beeinflussen.

⇨ Die Princeton-Studie hat ebenfalls belegt, dass der menschliche Geist dazu in der Lage ist, eine bestimmte Vorstellung, ein Bild oder einen Gedanken an eine Zielperson zu senden, und dass diese Person die Information empfangen und darauf reagieren kann. (Genauere Informationen zu dieser Studie finden Sie auf der Internetseite http://www.princeton.edu/~pear.)

Wir können daher unseren Wunsch, einen Menschen wieder zu sehen, mit unserer Kraft verknüpfen, diesen Wunsch oder die Sehnsucht an die Zielperson zu senden, sodass sie unsere freundliche, einladende Präsenz in ihrem eigenen Geist erlebt, egal, wo sie sich gerade befindet. Das hat nichts mit New-Age-Hokuspokus zu tun. Diese Prozesse sind wissenschaftlich erwiesen und können die subtile Dimensionen der Empathie erklären, die wir selbst aus der Distanz heraus erleben.

Bereits seit dem Altertum behaupten Liebende, dass sie die Präsenz des anderen aus der Distanz spüren können, selbst wenn sie sich auf der anderen Erdhalbkugel befinden. Nun haben wir den wissenschaftlichen Beweis, dass dies nicht nur möglich, sondern dass es eine natürliche universelle Erfahrung ist. Kognitionswissenschaftler und Physiker werden noch weitere bahnbrechende Erkenntnisse benötigen, um die physikalischen Zusammenhänge des Phänomens erklären zu können, aber wir wissen nun, dass etwas sehr Wichtiges geschieht, wenn wir die Kraft unserer Wünsche auf ein Individuum richten.

⇨ Daher empfehle ich Ihnen dringend, sich unmittelbar nach einer Begegnung und möglicherweise auch ein paar Mal in den darauf folgenden Tagen, an einen schönen Moment zu erinnern, den Sie mit dem anderen Menschen verbracht haben. Projizieren Sie Ihren Wunsch auf diese Person, sodass sie Ihre freundliche, einladende Präsenz in ihrem eigenen Herzen spürt.

Manchmal denken wir völlig unvermittelt an einen bestimmten Menschen. Die Princeton-Studie legt nahe, dass dieser Mensch wahrscheinlich auch gerade an uns gedacht hat und somit Erinnerungen ausgelöst wurden, auf die wir reagiert haben. Stellen Sie sich vor, Sie tun das bei Kunden oder Geschäftspartnern und regen so deren Erinnerung an. Wenn sie sich an einen positiven Moment Ihrer Begegnung erinnern, kann dieses beim Kunden den Wunsch erzeugen, zurückzukommen und wieder mit Ihnen zusammen zu sein.

All das kann auf überaus subtilen Ebenen geschehen – aber es gibt möglicherweise den Ausschlag dafür, dass die Menschen gerne wieder zu Ihnen kommen. Somit kann die Kraft der Sehnsucht oder der Wünsche den Umsatz konkret steigern und damit letztlich auch Ihr Einkommen erhöhen.

Dynamische Reflexion

Wie sieht nun der Prozess aus, mit dem sich ein bestimmter Moment oder die Erinnerung an einen Menschen dauerhaft im Langzeitgedächtnis verankern lässt?

▲ Zunächst sollten Sie einen Augenblick lang innehalten. Konzentrieren Sie sich auf Ihre Atmung, um andere Gedanken und Bilder zur Ruhe zu bringen, und richten Sie Ihre Aufmerksamkeit auf die Begegnung, die Sie gerade hatten. ▲

Sie können es unmittelbar danach tun oder beispielsweise in der Mittagspause, auf dem Nachhauseweg, beim Spazierengehen oder wenn Sie am Feierabend Zeit zum Nachdenken haben. Erinnern Sie sich an den Moment und erleben Sie ihn in Ihrem Herzen erneut.

⇨ Nach der Begegnung können Sie sich auf positive Momente konzentrieren, die Sie mit dem anderen Menschen erlebt haben. Sie erinnern sich an ihn, stellen so eine Herzensverbindung zu ihm her und senden dieses Gefühl an ihn aus, um eine weitere Begegnung herbeizuführen.

Natürlich gibt es auch Menschen, die so unangenehm sind, dass wir sie nicht wieder sehen möchten. Das ist unser gutes Recht und wir sollten darauf bestehen. Jeder hat seine Grenzen und Arbeitgeber dürfen uns nicht dazu zwingen, erneut Zeit mit jemandem zu verbringen, der uns ernsthaft beleidigt oder beschimpft hat. In einem solchen Fall sollten wir die Erfahrung abhaken und nach vorne sehen.

Aber bei den meisten Menschen werden wir zumindest einige positive Momente während einer Begegnung erleben. Und wenn wir diese in der Erinnerung erneut durchleben, verankern wir sie im Langzeitgedächtnis. Während des Erinnerungsprozesses konzentrieren wir uns auf unsere Atmung und unser Herz und aktivieren somit den »Gefühlsaspekt« der Erinnerung. Sogar während der Nachbereitung der Begegnung nutzen wir also unseren

Atem-Anker, um diesen wichtigen Aspekt in unserem Gedächtnis zu verankern.

Eine Verbindung herstellen

Wir haben nun einen Punkt erreicht, an dem wir eine langfristige Verbindung zum anderen herstellen. Dies ist keineswegs so esoterisch, wie es klingt. Es ist ein pragmatischer Akt, der so, wie die anderen Fokussätze, auf einer nicht verbalen Ebene stattfindet. Er fördert unsere eigene Absicht, den anderen wieder zu sehen, und sendet diese Absicht an ihn aus.

> ▲ Während Sie sich an Ihren Gesprächspartner erinnern und erneut einen positiven Moment der Begegnung durchleben, sagen Sie im Stillen und aus vollem Herzen zu ihm: **»Ich danke Ihnen für Ihren Besuch. Ich würde Sie gerne bald wieder sehen!«** ▲

Und schon ist der Kontakt da!

Es ist, als drückten Sie die Eingabetaste auf Ihrer Computertastatur. Sie stellen eine klare Kommunikationsverbindung her, die auf gemeinsamen Erinnerungen und dem Gefühl eines Herzenskontaktes basiert, das beide erlebt haben. Sie bauen eine Brücke zwischen der Vergangenheit, die vorbei ist, und dem gegenwärtigen Moment, der sich stets entfaltet. Sie tun das automatisch bei Freunden, Ihrem Partner und Ihrer Familie. Nun kennen Sie den kurzen und einfachen Prozess, um die Verbindung auch zu anderen Menschen herzustellen.

Wenn Sie möchten, können Sie diesen Prozess jetzt üben.

▲ Legen Sie das Buch zur Seite, wenn Sie den Absatz durchgelesen haben, und erinnern Sie sich an eine Begegnung, die Sie heute mit jemandem hatten. Erinnern Sie sich an einen positiven Moment, etwa an ein Lächeln oder einen Witz oder einfach an das angenehme Gefühl, Zeit mit dem anderen zu verbringen, ohne zu sprechen. Konzentrieren Sie sich auf die Erinnerung, während Sie gleichzeitig Ihren Atem und Ihr Herz wahrnehmen. Spüren Sie die positive Erfahrung, die Sie mit dem anderen Menschen hatten. Und sagen Sie mit der Kraft Ihres Geistes im Stillen zu ihm: »Ich danke Ihnen für Ihren Besuch (oder für etwas anderes). Ich würde Sie gerne bald wieder sehen!« ▲

Halten Sie inne und entspannen Sie sich.

11

Eine klare Absicht entwickeln

In den meisten Situationen haben wir die Wahl, spontan oder aus einer auf die Zukunft gerichteten Absicht heraus zu handeln. Diese beiden Entscheidungsmöglichkeiten scheinen zunächst gegensätzlich zu sein. Doch sie können auch positiv ineinander greifen und auf diese Weise unsere beruflichen Ziele sowie unseren finanziellen Erfolg fördern. Wir müssen uns ständig entscheiden, welche Funktionen unseres Geistes wir aktivieren und welche wir vorübergehend ungenutzt lassen.

⇨ Beim Bewusstseinsmanagement geht es im Wesentlichen darum, sich zu entscheiden, welche »geistige Hardware« und welche »mentalen Softwareanwendungen« man einsetzt, um die anstehenden Aufgaben und Herausforderungen am besten zu meistern.

Wir verfügen über fünf verschiedene Bewusstseinsmodi

Der erste Modus ist unser **sinnlich wahrnehmendes, taktiles Bewusstsein** im gegenwärtigen Moment, das unsere Innenwelt und unseren physischen Körper unmittelbar mit der äußeren Welt verbindet.

Zudem verfügen wir über den **emotionalen Modus**. Er versetzt uns in die Lage, auf unsere Umgebung zu reagieren, unsere Gefühle zum Ausdruck zu bringen und angemessen zu handeln.

Der **Bewusstseinsmodus** ist unsere Fähigkeit, uns an Ereignisse zu erinnern, die in der Vergangenheit geschehen sind, und diese Erinnerungen in Form von Fantasien und Vorstellungen über eine mögliche Zukunft zu projizieren.

Darüber hinaus gibt es die **kognitive Denkfunktion**, mit deren Hilfe wir eine Situation logisch analysieren, über die Vergangenheit und die Zukunft nachdenken sowie konkrete Vorstellungen und Absichten für die Zukunft entwickeln können.

Und schließlich verfügen wir noch über eine **integrative mentale Funktion**, die sowohl intuitiv als auch kreativ ist. Sie führt alles zusammen, erfasst eine Situation in ihrer Gesamtheit und lässt Geistesblitze und tolle Ideen entstehen.

Wir müssen alle fünf Bewusstseinsmodi aktiv nutzen, um ein erfolgreiches und gutes Leben zu führen. Aber bei den meisten Menschen ist das Gleichgewicht dieser Funktionen gestört. Manche sind zu stark kognitiv ausgerichtet und in ihren Gedanken verloren oder zu sehr auf ihre sinnlichen Wahrnehmungen fixiert. Andere hängen in Gedanken über die Vergangenheit und die Zukunft fest oder sie können sich nicht auf eine Arbeit konzentrieren, da ihr intuitiver Modus zu dominant ist.

⇨ Der Empathie-Prozess zeigt uns, wie wir von einem Modus auf einen anderen umschalten können, um angemessen auf eine Situation zu reagieren.

Wir haben uns bereits damit befasst, wie sich dieser »kognitive Umschaltprozess« umsetzen lässt. Wenn wir beispielsweise in Gedanken verloren sind, können wir aktiv auf den Wahrnehmungsmodus des Bewusstseins umschalten, indem wir uns auf unsere Atemerfahrung und unsere ganzkörperliche Teilnahme im gegenwärtigen Moment konzentrieren. Darüber hinaus haben wir die Wahl, von einer gefühlskalten, intellektuellen Fixierung auf eine anteilnehmende Herzenserfahrung umzuschalten. Und wir können uns von einer auf die Vergangenheit beziehungsweise die Zukunft ausgerichteten manipulativen Haltung lösen und uns auf eine spontane und intuitive Teilnahme im gegenwärtigen Moment ausrichten.

All diese Umschaltprozesse sind essenziell, wenn wir uns einfühlsam auf andere Menschen einlassen möchten, sei es bei der Arbeit oder im privaten Bereich.

Aber es gibt noch einen weiteren Umschaltprozess, den wir kurz vor sowie nach einer Begegnung durchführen können: **Wir sollten eine klare Absicht entwickeln.** Dieser mentale Prozess lässt uns vorübergehend von einem ruhigen Geist und spontanen Handlungen umschalten, da er die kognitive, auf die Vergangenheit und die Zukunft bezogene Funktion des Geistes aktiviert. Ich möchte Ihnen nun zeigen, wie die eigene Absicht aussehen kann und wie man sie zum Ausdruck bringt.

Die eigenen Bedürfnisse berücksichtigen

Wir haben bereits gesehen, wie wichtig die Umsetzung des Mottos »Der Kunde ist König« für eine langfristige Kundenbindung ist. Allerdings werden Sie keine klare Absicht in Bezug auf Ihre Bedürfnisse entwickeln, wenn Sie sich während des gesamten Verkaufs- oder Serviceprozesses nicht selbst berücksichtigen und Ihre Bedürfnisse nicht an erste Stelle setzen.

⇨ In der Regel eignet sich die Phase der Reflexion nach einer Begegnung am besten dafür, um sich selbst zu berücksichtigen und die eigene Absicht zum Ausdruck zu bringen.

In den meisten Fällen werden Sie zu diesem Zeitpunkt alleine sein, nachdem Sie Ihr Bestes getan haben, um Ihren Kunden, Klienten oder Kollegen zu helfen.

Was ist nun mit Ihnen? Sie haben Ihre eigenen Bedürfnisse und Wünsche und es ist Ihr gutes Recht, dafür zu sorgen, dass sie erfüllt werden. Viele Menschen sind zu serviceorientiert und übergehen sich selbst dabei. Aber das wirkt sich langfristig negativ aus, da es im Grunde keine ehrliche Haltung ist, so zu tun, als sei man nicht daran interessiert, die eigenen Bedürfnisse zu erfüllen. Und Ehrlichkeit ist absolut essenziell für einen langfristigen Erfolg.

Wie sehen Ihre Bedürfnisse aus? Warum möchten Sie den Kunden, der gerade zur Tür hinausgegangen ist, gerne wieder durch diese Tür hereinkommen sehen? Natürlich möchten Sie diesem Menschen helfen. Gleichzeitig möchten Sie aber auch, dass er Ihnen hilft. Wir leben in einem auf Geld basierenden Wirtschaftssystem, daher ist es logisch, dass Sie als Gegenleistung für ein Produkt oder eine Dienstleistung Geld von dieser Person erhalten möchten. Wenn Sie die Bedürfnisse des anderen nicht wirklich erfüllen können, werden Sie fair genug sein und sein Geld nicht nehmen. Aber im anderen Fall möchten Sie gerne, dass es zu diesem Austausch kommt.

Wenn Sie also den vierten Schritt dieses Prozesses erreichen, sollten Sie stets lange genug innehalten, um sich auf Ihre eigenen Bedürfnisse zu konzentrieren, und prüfen, ob diese erfüllt werden. Wenn Sie mit diesem ersten Teil der Nachbereitung einer Begegnung fertig sind, halten Sie erneut inne, um sich auf Ihre Absicht zu konzentrieren.

Sagen Sie es – tun Sie es!

- »Ich möchte genug Geld verdienen, um all meine persönlichen Bedürfnisse erfüllen zu können.«

Eigene Bedürfnisse klar formulieren

Sie haben viele Bedürfnisse. Sie möchten sich gerne geliebt fühlen und wertvoll für die Welt sein. Sie müssen dafür sorgen, gesund zu bleiben. Sie benötigen freie Zeit, um zu entspannen und das Leben zu genießen. Sie brauchen das Gefühl, in der Gesellschaft etwas zu sagen zu haben, frei zu sein und Entscheidungen treffen zu können. Sie brauchen das Gefühl, zu einer Familie oder einer Gemeinschaft zu gehören und Teil eines größeren menschlichen Plans zu sein. Und Sie müssen genug Geld verdienen, um sich ein Zuhause und einen gewissen materiellen Besitz zu schaffen.

▲ Denken Sie einen Moment darüber nach, welche Bedürfnisse und Wünsche Sie haben und welche davon gegenwärtig erfüllt werden. Sagen Sie Ihren »Absichtsfokussatz« ein paar Mal und achten Sie darauf, welches Gefühl sich bei Ihnen einstellt.

Legen Sie das Buch nun zur Seite, wenn Sie möchten, denken Sie über Ihre Bedürfnisse nach und lernen Sie den Fokussatz auswendig. Sagen Sie ihn dann zu sich selbst, während Sie sich Ihrer Atmung und Ihres Herzens bewusst bleiben. Fühlen Sie sich gut in Ihrem Herzen, während Sie Ihre Bedürfnisse und persönliche Absicht zum Ausdruck bringen.

»Ich möchte genug Geld verdienen, um all meine persönlichen Bedürfnisse erfüllen zu können.« ▲

Halten Sie inne und entspannen Sie sich.

Spontane Absicht

Wenn wir uns selbst gegenüber ehrlich sind und die Absicht formulieren, unsere Bedürfnisse zu erfüllen, wird diese Absichtserklärung eine wichtige Rolle dabei spielen, wie wir unsere eigene Identität und unsere Ziele wahrnehmen. Unsere spontanen Handlungen können so auf eine sinnvolle Weise mit unserer Absicht verschmelzen.

Wie wir bereits gesehen haben, vertrauen viele Menschen ihrem spontanen Selbst nicht, da es sie häufig von ihren eigentlichen persönlichen Bedürfnissen und Absichten fortführt. Das geschieht, wenn sie andere Bedürfnisse und Wünsche haben, die im Konflikt mit ihrer geschäftlichen Absicht stehen.

⇨ Das Ziel dieses Buches besteht darin, Ihnen zu helfen, Ihre verschiedenen Bedürfnisse und Sehnsüchte zu einer stimmigen Absicht zu vereinen. Andernfalls werden Sie Ihren Erfolg weiterhin durch die Unvereinbarkeit Ihrer Absichten sabotieren.

Daher haben wir immer wieder untersucht, warum Sie sich selbst am besten dienen, wenn Sie anderen dienen. Denn was man gibt, das bekommt man auch zurück. Beim ersten Schritt, mit dem Sie sich auf eine Begegnung vorbereiten, schalten Sie auf angenehme Gefühle um, sodass Sie sich in Ihrer eigenen Haut wohl fühlen. Wenn Sie diesem Bedürfnis keinen absoluten Vorrang geben, wird es Ihre weiteren Bemühungen während der Begegnung sabotieren. Wir alle möchten uns gut fühlen und wenn das bei der Arbeit nicht der Fall ist, werden wir rebellieren.

Da Sie sich nur dann gut fühlen, wenn Sie sich auf Ihren Körper konzentrieren, sollten Sie regelmäßig auf den gegenwärtigen Moment umschalten und sich davon lösen, die Vergangenheit zu bereuen und sich über die Zukunft Sorgen zu machen. Bei jeder Vorbereitung auf eine Begegnung sollten Sie sich daher zunächst um diese grundlegenden Bedürfnisse kümmern. Sonst wird Ihr inneres Kind versuchen, irgendeinen Weg zu finden, um sich zu vergnügen, während Sie sich auf spontane Weise mit dem anderen unterhalten – und das kann sehr kontraproduktiv für Ihre geschäftliche Absicht sein.

Wenn Sie im gegenwärtigen Moment innerlich gesammelt sind, entspannt atmen und sich im Herzen gut fühlen, können Sie sich befreien und spontan auf Ihren Gesprächspartner eingehen. Während Sie den gegenwärtigen Moment genießen und eine Beziehung zum anderen aufbauen, können Sie darauf vertrauen, dass Ihre spontanen Handlungen mit Ihrer persönlichen Absicht, ein erfolgreiches Geschäftsgespräch zu führen, harmonieren werden.

⇨ Es dauert seine Zeit, bis man lernt, ein Gefühl für die spontane Absicht zu entwickeln und diesem zu vertrauen. Mit meinem Programm können Sie buchstäblich über Nacht rasche Fortschritte machen sowie ständig Ihre Fähigkeit fördern, Ihre Arbeitssituation in eine erfüllende, angenehme und profitable Erfahrung zu verwandeln.

Im folgenden abschließenden Kapitel ist das gesamte Programm in einem schlüssigen Übungsprozess dargestellt, sodass Sie die vier Schritte immer wieder durchmachen und sie ständig besser meistern können. Jeden Tag haben Sie die Chance, sich bei der Arbeit besser zu fühlen und erfolgreicher zu sein, während Sie gleichzeitig neue Freunde gewinnen und Ihre Kunden und Geschäftspartner zufrieden stellen.

12

Nachhaltigen Erfolg erzielen

▲ Am Ende einer Begegnung sollten Sie noch einen letzten Schritt machen. Vor allem, wenn Sie mehrere Besprechungen oder Teamsitzungen haben oder aber mehrere Dienstleistungen an einem Tag erbringen. Halten Sie am Ende des vierten Schrittes lange genug inne, um ein- bis zweimal tief durchzuatmen und sich dabei vollkommen von Ihrer Arbeitsidentität zu lösen. Stellen Sie Ihr Bedürfnis nach Erfolg und finanziellem Wohlstand ein paar Mal am Tag zurück und genießen Sie das Gefühl, bei der Arbeit grundsätzlich Erfolg zu haben und gleichzeitig Ihre Identität zu wahren. ▲

Ein angenehmes Gefühl persönlicher Kraft entsteht in dem Moment, in dem Sie alle Absichten und geschäftlichen Bestrebungen beiseite lassen und sich daran erinnern, dass Sie mehr sind als die Rolle, die Sie bei der Arbeit spielen. Sie hätten auch einen anderen Weg im Leben gehen können, um den Lebensunterhalt für sich selbst und Ihre Angehörigen zu verdienen. Sie spielen Ihre Rolle lediglich, weil das Schicksal es in Ihrem Leben nun einmal so gewollt hat. Aber Sie sind mehr als Ihre Arbeit.

⇨ Sie besitzen ein individuelles Selbst und ein großes Potenzial, die sich nicht auf Ihre Arbeit reduzieren lassen. Wenn Sie diesen aber nicht regelmäßig Raum geben und ihnen Beachtung schenken, werden sie langsam verkümmern.

Besonders bei Begegnungen mit Kunden und Geschäftspartnern ist es wichtig, sich seiner selbst als ganzer Mensch bewusst zu sein und sich nicht nur auf die Arbeitsidentität zu reduzieren. Nur auf diese Weise kann man interessiert und offen auf andere zugehen und einen herzlichen Kontakt zu ihnen herstellen.

Man sollte versuchen, einerseits die Rolle zu spielen, mit der man seine Arbeit erledigen und die Bedürfnisse der Kunden erfüllen kann, und andererseits über diese Rolle hinausgehen, um einen wahren, herzlichen Kontakt zum Gegenüber herzustellen. Es ist ein gewisser Balanceakt, den man hier leisten muss, um sowohl der eigenen Persönlichkeit als auch den Arbeitsanforderungen gerecht zu werden. Man sollte stets versuchen, hier ein Gleichgewicht herzustellen – und seine Persönlichkeit so weit wie möglich zur Geltung kommen zu lassen, ohne dabei von der Arbeit abgelenkt zu werden.

Spaß an der Sache haben

Am Anfang des Buches habe ich darauf hingewiesen, dass Kunden und Geschäftspartner gerne mit Menschen zu tun haben, denen ihre Arbeit Spaß macht.

⇨ Am Ende dieses Buches wollen wir uns nun eingestehen, dass das gesamte Arbeitsleben auf dem Spaß- beziehungsweise Lustprinzip basiert, genauso wie unser persönlicher Antrieb und unsere Motivation spaß- und lustorientiert funktionieren, da wir stets versuchen, Schmerz und Leid zu vermeiden.

Selbst bei winzigen einzelligen Organismen, die es bereits vor fast einer Milliarde Jahren auf diesem Planeten gab, basiert das Überleben auf dem Instinkt, Schmerzen zu vermeiden und angenehme Empfindungen oder Lust anzustreben. Schmerz oder Leid sind Indikatoren dafür, dass etwas nicht in Ordnung ist und man etwas unternehmen muss, da man sonst Gefahr läuft, verletzt oder getötet zu werden. Angenehme Empfindungen oder Vergnügen sind dagegen Indikatoren dafür, dass alles o. k. ist und man sich entspannen und einfach sein Dasein und das Leben genießen kann.

⇨ Sowohl Leid als auch Lust spielen eine wichtige Rolle in unserem Leben. Wir werden vor Gefahren gewarnt und wissen, wann wir uns entspannen und sichergehen können, dass alles in Ordnung ist.

Doch heutzutage wird häufig Kapital aus unseren alten Prägungen geschlagen. So macht sich der Handel auf der ganzen Welt die Massenmedien zu Werbezwecken zunutze und setzt psychologische Instrumente ein, um die Kunden zu manipulieren. Sie sollen glauben, dass bestimmte Produkte sie glücklicher machen und ihren Zustand insgesamt verbessern werden. Doch in der Regel ist das keineswegs der Fall.

Darüber hinaus haben wir Überzeugungen entwickelt, die in erster Linie auf Angst und Neid basieren und zu chronischem Stress und Überarbeitung führen. Dabei könnten wir uns entspannen und das Leben viel mehr genießen. Es ist eine der traurigen Tatsachen unserer Zeit, dass wir immer mehr arbeiten, dadurch aber nicht mehr Freude und Erfüllung erleben. Aufgrund unserer Ängste belasten wir unseren Geist und unseren Körper mit zu viel Arbeitsstress und gönnen uns zu wenig Entspannung und Spaß. Die Folge ist, dass zu viele Menschen bei der Arbeit schlecht gelaunt und energielos sind und keiner gerne mit ihnen zu tun hat.

Ich habe in einem früheren Kapitel in diesem Buch auf die Rechte der Angestellten hingewiesen. Die Erörterung dieses Themas hat gezeigt, wie sinnvoll es für ein Unternehmen ist, darauf zu achten, dass die Mitarbeiter ihre Arbeit gerne machen – denn wenn sie glücklich sind und Spaß haben, genießen Kunden und Geschäftspartner die emotionale Atmosphäre des Unternehmens und kommen gerne wieder.

Daher sollte die Unternehmenspolitik auf dem Spaßprinzip basieren – und das sollte nicht nur für die Angestellten, sondern auch für das Management gelten. Denn jeder schlecht gelaunte Mitarbeiter kann viele andere Kollegen mit seiner Laune anstecken.

Sich bei der Arbeit wohl fühlen

Wir kommen nun zum Ausgangspunkt zurück. Sie sollten immer wieder zu sich selbst sagen: **»Ich erlaube mir, mich bei der Arbeit gut zu fühlen.«** Inwieweit deckt sich diese Aussage mit Ihren Erfahrungen? Ein »gutes Gefühl« lässt sich auf verschiedenen Ebenen fördern und Arbeitgeber sollten die folgenden Maßnahmen bewusst unterstützen:

1. Angenehme Empfindungen im Körper fördern

Sie sollten sich regelmäßig bewegen, strecken und gähnen. Darüber hinaus sollten Sie auf einem bequemen Stuhl sitzen beziehungsweise einen möglichst angenehmen Arbeitsplatz haben.

2. Angenehme auditive und visuelle Reize schaffen

Die Arbeitsumgebung sollte ansprechend gestaltet sein. (Die Audioprogramme auf meiner Internetseite sind in eine wunderschöne Collage aus Naturfotos eingebettet und fördern somit ein Gefühl natürlicher Schönheit am Arbeitsplatz: www.selbysolution.com.)

3. Sich der eigenen Atmung bewusst bleiben

Auf diese Weise können Sie auf den gegenwärtigen Moment eingeschwungen bleiben und Ihre Erfahrungen in jedem Augenblick genießen.

4. Warmherzige Emotionen genießen

Sie entstehen, wenn Sie sorgenvolle Gedanken zur Ruhe bringen und einen herzlichen Kontakt zu Kollegen, Kunden oder Geschäftspartnern herstellen.

5. Das Gefühl haben, bei der Arbeit erfolgreich zu sein

Dazu gehört, ein angemessenes Gehalt zu bekommen, einen interessanten Job zu haben, der Aufstiegschancen bietet, und Anerkennung für die eigenen Leistungen zu erhalten.

6. Bei der Arbeit nicht zu viel Stress haben

Sie sollten Ihren Job genießen können und nicht von mentalen oder emotionalen Stressfaktoren belastet werden, die Ihrer Gesundheit und Ihren Beziehungen schaden.

7. Davon überzeugt sein, auf der Gewinnerseite zu stehen

Wenn Sie dieses Gefühl haben, sind Sie zuversichtlich, dass Ihr Unternehmen erfolgreich sein wird und Sie eine relativ risikofreie Zukunft haben werden.

Sicherlich fallen Ihnen weitere Maßnahmen ein, um dem Spaß- beziehungsweise Wohlfühlprinzip absolute Priorität einzuräumen. Die obige Liste soll lediglich die grundsätzliche Idee veranschaulichen. Keiner der genannten Punkte wird langfristig die Produktivität eines Unternehmens reduzieren. Wie zahlreiche Studien zeigen, ist eine glückliche, gesunde Belegschaft der beste Garant für eine hohe Produktivität. Arbeiten Sie daher nach Möglichkeit mit Ihrem Arbeitgeber zusammen, um das Spaßprinzip in Ihrem Unternehmen zu fördern.

Denken Sie außerdem stets daran, nach einer Begegnung mit einem Kunden, Kollegen oder Geschäftspartner den Nachbereitungsprozess durchzumachen. Dabei entstehen nicht nur eine langfristige Erinnerung an die Begegnung sowie ein Herzenskontakt zum anderen Menschen, sondern Sie konzentrieren sich auch erneut auf Ihre ursprüngliche Absicht und schenken sich etwas Raum zum Atmen. Beginnen und beenden Sie Ihren Tag stets mit der folgenden klaren Absicht:

- »Ich erlaube mir, mich gut zu fühlen.«

Abschließende Worte

Heiterkeit ausstrahlen

Wir haben uns in diesem Buch intensiv mit psychologischen Erkenntnissen und kognitiver Methodologie befasst, und ich möchte mich bei Ihnen dafür bedanken, dass Sie sich für all die komprimierten Informationen interessiert und das Buch bis hierher gelesen haben. Während Ihres Lernprozesses können Sie es immer wieder zur Unterstützung heranziehen.

Im Folgenden stelle ich die vierstufige Methode, die wir nun Schritt für Schritt durchgemacht haben, noch einmal im Überblick dar. Sie wissen mittlerweile, wie die einzelnen Schritte aussehen. Achten Sie darauf, wie Sie jetzt auf dieselben Worte reagieren und in welchen Bereichen Sie sich noch intensiver mit dem Empathie-Prozess beschäftigen sollten, um ihn sich ganz anzueignen:

Erster Schritt – Sich auf eine Begegnung vorbereiten

Bevor Sie einen anderen Menschen treffen, sollten Sie eine effektive kognitive Umschaltmethode anwenden, um sich von innerem Stress, von Sorgen oder Urteilen zu lösen, die eine Begegnung negativ beeinträchtigen können – und Ihre Aufmerksamkeit auf positive Gefühle richten, die aus dem Herzen kommen.

Zweiter Schritt - Der Moment der Begegnung

Genau in diesem Moment sollten Sie Ihr Gegenüber

auf ehrliche, freundliche und nicht urteilende Weise begrüßen und ihm genug Freiraum lassen, sodass der andere entspannen und frei atmen kann. Neue kognitive Techniken können Ihnen helfen, innerlich positiv gestimmt zu bleiben, eine ehrliche und freundliche Ausstrahlung zu haben und sich auf eine gelöste, spontane und angenehme Weise mit dem anderen zu unterhalten.

Dritter Schritt - Mit dem Herzen dabei sein

Wenn Sie anfangen, über das Anliegen des anderen zu sprechen, sollten Sie die klare Absicht verfolgen, ihm zu helfen und seine Bedürfnisse voll und ganz zu erfüllen. Wenn Sie eine angenehme Atmosphäre schaffen, wird sich Ihr Gegenüber gut betreut fühlen.

Vierter Schritt - Die Begegnung nachbereiten

In der vierten Phase sollten Sie innehalten, um über die Begegnung nachzudenken. Sie sollten gezielt überlegen, was nun zu tun ist. Sie werden lernen, positive Aspekte der Begegnung noch einmal zu durchleben und sich auf Ihren ehrlichen Wunsch zu konzentrieren, dem anderen erneut zu begegnen.

Das ist die ganze Methode – vier Schritte, die Sie meistern können. Wie sollten Sie nun weiter vorgehen? Ich würde Ihnen zwei Dinge vorschlagen, damit Sie auf Ihrem Weg gut vorankommen.

Erster Vorschlag

Nutzen Sie dieses Buch weiterhin zum Üben. Lesen Sie jedes Kapitel noch einmal und arbeiten Sie mit den speziellen Lernprogrammen, die Sie täglich durch den Prozess leiten können. Wenn Sie möchten, können Sie auch das Audiotraining auf meiner Internetseite www.selbysolution.com nutzen. Lassen Sie sich von meiner Stimme immer wieder durch den Prozess führen, um ihn zu verinnerlichen. Wenn Sie täglich zehn Minuten lang üben, werden Sie den Prozess innerhalb von drei Wochen meistern.

Zweiter Vorschlag

Nehmen Sie sich jeden Tag einen Fokussatz, den Sie lernen möchten, mit zur Arbeit und wenden Sie den Prozess bei jeder Begegnung mit Kunden oder Geschäftspartnern an. Integrieren Sie die Methode in Ihr Arbeitsleben, indem Sie sie praktisch einsetzen. Das Programm funktioniert nur, wenn Sie es üben und die vier Schritte regelmäßig durchmachen.

Ich habe den gesamten Prozess auf dem Spaßprinzip aufgebaut, und Sie werden sich tatsächlich mit jedem Schritt und jedem Übungstag etwas besser fühlen. Gehen Sie Ihre Lernerfahrung mit Begeisterung an, mit der Absicht, jeweils während der zehnminütigen Übungsphase Spaß zu haben und sich gut zu fühlen. Gleichzeitig sollten Sie sich bemühen, die einzelnen Schritte immer besser zu beherrschen, sodass die Fokussätze Ihnen wie von selbst in den Sinn kommen und Ihnen zu heiteren, herzlichen und angenehmen Begegnungen mit Menschen in Ihrem Arbeitsumfeld und in Ihrem privaten Bereich verhelfen.

Ich danke Ihnen noch einmal für Ihre Aufmerksamkeit beim Lesen dieses Buches und freue mich darauf, Ihnen vielleicht auch einmal online zu begegnen. Auf meiner Internetseite wächst stetig eine Gemeinschaft von Menschen, die meine Methode praktizieren oder an ihr interessiert sind, und Sie erhalten dort jegliche Unterstützung, die Sie möglicherweise beim täglichen Üben benötigen. Genießen Sie es!

1. Sich auf eine Begegnung vorbereiten

Bevor Sie Kunden, Kollegen oder Geschäftspartnern begegnen, sollten Sie meine einfache kognitive Umschaltmethode anwenden, um sich von Stress und anderen störenden Gefühlen zu lösen, die eine Begegnung negativ beeinträchtigen können. Richten Sie Ihre Aufmerksamkeit auf positive, herzliche Gefühle. Dieser Prozess lässt sich in nur ein bis zwei Minuten durchführen.

Zentrale Fokussätze

1. »Ich spüre, wie die Luft durch meine Nase ein- und ausströmt . . .«

2. »Ich spüre die Bewegungen in meiner Brust und meinem Bauch . . .«

3. »Ich bin mir der Gefühle in meinem Herzen bewusst . . .«

4. »Ich befinde mich im Hier und Jetzt – und atme frei . . .«

~~~~~~~
~~~~~~~

5. »Mein Geist ist still, ich bin innerlich ruhig . . .«

6. »Ich schätze und akzeptiere den anderen so, wie er ist . . .«

7. »Ich habe ein positives Gefühl mir selbst gegenüber . . .«

8. »Ich bin hier, um zu dienen, erfolgreich zu sein und das Leben zu genießen . . .«

Zur Erinnerung

Um vor einer Begegnung Ihren Empathie-Akku aufzuladen, sollten Sie sich stets an die folgenden Entscheidungsmöglichkeiten erinnern:

1. **Konzentrieren Sie sich . . . auf den gegenwärtigen Moment:** Wenn Ihre Aufmerksamkeit nicht auf den gegenwärtigen Moment gerichtet ist, nehmen Sie Ihre Gesprächspartner nicht richtig wahr und können keine herzliche Beziehung zu ihnen aufbauen. Daher sollten Sie zunächst ganz auf den gegenwärtigen Moment umschalten. Hier findet jegliche Erfahrung und jegliche Begegnung statt.

2. **Konzentrieren Sie sich . . . auf Ihr Herz:** Die meisten Menschen bleiben auf Gedanken, Bilder, Erinnerungen und Vorstellungen fixiert, die ständig durch ihren Geist strömen. Gesprächspartner bemerken diese mangelnde

Herzlichkeit und reagieren entsprechend darauf. Vor einer Begegnung mit Kunden, Geschäftspartnern oder anderen wichtigen Menschen sollten Sie Ihre Aufmerksamkeit daher vom Kopf auf Ihr Herz verlagern.

3. Konzentrieren Sie sich… darauf, sich gut zu fühlen: Wenn wir uns schlecht fühlen, tragen wir nicht dazu bei, dass unsere Gesprächspartner sich besser fühlen. Daher ist es bei der Vorbereitung auf eine geschäftliche oder private Begegnung wichtig, sich nicht länger schlecht zu fühlen, sondern auf positive Gefühle umzuschalten.

4. Konzentrieren Sie sich… auf Ihre positive Absicht: Wenn Sie beabsichtigen, Ihren Gesprächspartner zu manipulieren, anstatt ihm bei der Erfüllung seiner Bedürfnisse zu helfen, wird Ihr Empathie-Quotient stark absinken und der andere wird negativ darauf reagieren. Daher sollten Sie Ihre positive Absicht klar zum Ausdruck bringen, bevor Sie sich auf ein Verkaufsgespräch oder eine Dienstleistung einlassen. Auf diese Weise richten Sie Ihre Absicht gezielt so aus, dass sie Ihnen dienlich sein wird.

Zeit zum Nachdenken

Jeder der vier Abschnitte dieses Buches enthält ein bis zwei Seiten mit Fragen, die Sie zu tiefen Reflexionen anregen sollen. Lesen Sie diese Seiten in den nächsten Wochen und Monaten mehrmals, um persönliche Erkenntnisse und emotionales Wachstum zu fördern. Letztlich steuern Sie Ihre Aufmerksamkeit selbst – ich möchte Ihnen lediglich einige lohnende Richtungen zeigen. Nehmen Sie sich also etwas Zeit, bleiben Sie sich Ihrer Atmung und Ihres Herzens bewusst… und stellen Sie sich die folgenden Fragen:

A: Haben Sie sich in der Vergangenheit überwiegend fair bei der Arbeit verhalten? Haben Sie Ihren Kunden und Klienten auf ehrliche Weise gedient?

B: Wann verspüren Sie ein Gefühl der Befriedigung: wenn Sie jemanden ausnutzen oder wenn Sie dafür sorgen, dass er ebenso von einer Sache profitiert wie Sie selbst?

C: Wie fühlt sich Ihr Herz normalerweise an, wenn Sie sich darauf konzentrieren? Sind Sie bereit, sich in Ihrem Leben stärker auf Ihr Herz auszurichten und es mit einzubeziehen?

D: Worüber machen Sie sich häufig Sorgen? Sind Sie bereit, sich von der Gewohnheit zu lösen, sich häufig Sorgen zu machen?

E: Was bedeutet es, andere Menschen nicht mehr zu beurteilen und sie so zu akzeptieren, wie sie sind? Ist das möglich, und was wird geschehen, wenn Sie es tun?

F: Wie fühlt es sich an, wenn Sie Ihr Herz öffnen, um Freundschaft zu erleben – kann es gefährlich sein, das zu tun? Wie können Sie es tatsächlich umsetzen?

Übung A + B

Einminütige Vorbereitung

Wenn Sie nur wenige Momente lang Zeit haben, um auf ein Gefühl der Empathie umzuschalten, sollten Sie den folgenden Prozess durchmachen:

1. Sagen Sie zu sich selbst: **»Ich spüre, wie die Luft durch meine Nase ein- und ausströmt . . .«**
. . . und lassen Sie sich unmittelbar auf dieses sinnliche Erlebnis ein, sodass Ihre Aufmerksamkeit nicht länger auf Gedanken über die Vergangenheit und die Zukunft gerichtet ist, sondern Ihr Bewusstsein dafür erweckt, was genau jetzt im gegenwärtigen Moment geschieht.

2. Sagen Sie zu sich selbst: **»Ich spüre auch die Bewegungen in meiner Brust und meinem Bauch . . .«**
. . . und dehnen Sie Ihr Bewusstsein aus, damit es Ihren ganzen Körper wahrnimmt, während Sie atmen, und Sie ganz ins Hier und Jetzt versetzt.

3. Sagen Sie zu sich selbst: **»Ich bin mir der Gefühle in meinem Herzen bewusst . . .«**
. . . und erweitern Sie Ihr Bewusstsein, sodass es auf Ihr Herz und nicht auf Ihren Kopf gerichtet ist. Atmen Sie in die Gefühle hinein, die Sie in Ihrem Herzen vorfinden.

4. Sagen Sie zu sich selbst: **»Ich habe ein positives Gefühl mir selbst gegenüber . . .«**
. . . und öffnen Sie sich dafür, eine neue Freund-

schaft zu schließen oder eine bestehende Freundschaft zu vertiefen. Schaffen Sie Raum für einen herzlichen Kontakt und Freude!

Sie können diese vier Aussagen in nur vier Atemzügen durchmachen - zirka eine halbe Minute lang. Wenn Sie nur wenig Zeit haben, sollten Sie diese optimal nutzen! Und denken Sie stets an Folgendes: Je mehr Sie üben, desto tiefer werden Sie innerhalb kürzester Zeit in positive Gefühle eintauchen.

Zweiminütige Vorbereitung

Der gesamte Prozess

1. Sagen Sie zu sich selbst: »**Ich spüre, wie die Luft durch meine Nase ein- und ausströmt . . .**«
... und während Sie atmen, lassen Sie sich ganz auf dieses sinnliche Erlebnis ein.

2. Sagen Sie zu sich selbst: »**Ich spüre auch die Bewegungen in meiner Brust und meinem Bauch . . .**«
... und dehnen Sie Ihr Bewusstsein aus, damit es Ihren ganzen Körper umfasst.

3. Sagen Sie zu sich selbst: »**Ich bin mir auch der Gefühle in meinem Herzen bewusst . . .**«
... atmen Sie in die Gefühle hinein, die Sie in Ihrem Herzen vorfinden.

Machen Sie nun den Prozess zur Veränderung der inneren Einstellung durch:

1. Sagen Sie zu sich selbst: **»Ich befinde mich im Hier und Jetzt – und atme frei . . .«**
... und konzentrieren Sie sich auf die positiven Gefühle, die Sie in Ihrem Inneren vorfinden, egal, wie diese auch aussehen mögen.

2. Sagen Sie: **»Mein Geist ist still, ich bin innerlich ruhig . . .«**
... und genießen Sie das Gefühl innerer Ruhe in Ihrem Geist.

3. Sagen Sie: **»Ich schätze und akzeptiere den anderen so, wie er ist . . .«**
... entspannen Sie Ihren Geist durch das Gefühl der Akzeptanz noch mehr und öffnen Sie Ihr Herz.

4. Sagen Sie: **»Ich habe ein positives Gefühl mir selbst gegenüber . . .«**
... und erleben Sie die Gefühle, die durch diese Worte in Ihrem Herzen erweckt werden.

5. Sagen Sie: **»Ich bin hier, um zu dienen, erfolgreich zu sein und das Leben zu genießen . . .«**
... und werden Sie dann mit dieser klaren Absicht aktiv.

Audioskript: Erste Sitzung

(Gehen Sie zur Internetseite http://selbysolution.com. Dort finden Sie die folgende Audioführung)

Stellen Sie sich vor, Sie erwarten in ein paar Minuten einen Kunden oder Sie haben eine geschäftliche Besprechung. Wie können Sie rasch auf einen optimalen geistigen und emotionalen Zustand umschalten, um einen positiven emotionalen Kontakt zu Ihrem Gesprächspartner herzustellen?

Richten Sie Ihre Aufmerksamkeit zunächst auf Ihre Atmung - achten Sie darauf, ob Ihre Atmung entspannt und angenehm ist, oder ob sie verkrampft und angespannt ist... sagen Sie zu sich selbst: »Ich erlaube mir, mich gut zu fühlen...«

Spüren Sie, wie die Luft durch Ihre Nase ein- und ausströmt... entspannen Sie Ihre Zunge und Ihren Unterkiefer... entspannen Sie Ihre Augen und Ihre Gesichtsmuskeln... dehnen Sie Ihr Bewusstsein aus, sodass es auch die Bewegungen in Ihrer Brust und Ihrem Bauch umfasst... bewegen Sie Ihr Becken etwas, während Sie atmen... spüren Sie die Kraft tief in Ihrem Bauch... und sagen Sie zu sich selbst: »Mein Geist ist still, ich bin innerlich ruhig...«

Dehnen Sie Ihr Bewusstsein nun weiter aus, um auch die Gefühle in Ihrem Herzen mit einzuschließen... erwecken Sie Ihr Empathie-Zentrum... und sagen Sie zu sich selbst: »Ich schätze und akzeptiere den anderen...«

In diesem erweiterten Bewusstseinszustand können Sie gute Gefühle in Ihr Herz strömen lassen, während Sie zu sich selbst sagen: »Ich habe ein positives Gefühl mir selbst gegenüber ...« Wenn Sie dem anderen dann begegnen, sollten Sie Ihre Aufmerksamkeit auf Ihre eigene Atmung gerichtet halten ... auf Ihre innere Kraft ... Ihre Herzenswärme ... und das Gefühl freundlicher Akzeptanz ... und mit dieser positiven Absicht können Sie nun voller Zuversicht aktiv werden. Schenken Sie sich Raum und Zeit, um die Begegnung zu genießen ... stecken Sie Ihren Gesprächspartner mit Ihrer guten Laune an. Dann wird er gerne wieder Zeit mit Ihnen verbringen.

2. Der Moment der Begegnung

Wenn Sie einem anderen Menschen begegnen, sollten Sie ihn freundlich und vorurteilsfrei begrüßen und ihm Raum zum Atmen schenken. Erinnern Sie sich an bestimmte Fokussätze, die Ihnen helfen, sich Ihre gute Laune zu bewahren, eine herzliche Präsenz auszustrahlen und sich entspannt und spontan sowie voller Akzeptanz und Freude auf den anderen einzulassen.

Zentrale Fokussätze

- »Ich bin hier, jetzt – und atme frei . . .«
- »Ich befinde mich in keiner Gefahr . . .«
- »Ich bin in meinem Herzen, in Becken, Beinen und Füßen geerdet . . .«
- »Ich möchte einen neuen Freund gewinnen . . .«
- »Ich befreie mich, um mich genau jetzt gut zu fühlen . . .«

Zur Erinnerung

Wenn Sie in eine Begegnung hineingehen, sollten Sie sich an die vier folgenden Schritte erinnern. Wenden Sie die

Methode an, die in diesem Buch vorgestellt wird, und entscheiden Sie sich gezielt für eine Bewusstseinsqualität, die einen herzlichen Kontakt ermöglicht. Sie können die vier Aussagen zu sich selbst sagen, auch wenn das Treffen schon begonnen hat – die Worte werden in Ihrem Bewusstsein bleiben und Ihre Stimmung und Präsenz beeinflussen:

1. **»Immer mit der Ruhe«** – Richten Sie Ihre Aufmerksamkeit auf Ihre Atemerfahrung, um rasch von Ihrer mentalen Hektik abzuschalten und sich auf den biologischen Rhythmus Ihres Körpers einzulassen, Atemzug um Atemzug, im sich entfaltenden gegenwärtigen Moment.

2. **»Nimm deine Gefühle wahr«** – Seien Sie sich der Gefühle in Ihrem Herzen bewusst, während Sie atmen. So schalten Sie von den Gedanken auf Ihre Gefühle um. Dehnen Sie Ihr Bewusstsein auf die erfahrbare Welt im Hier und Jetzt aus. Seien Sie auf Ihr Herz ausgerichtet, dann wird Ihr Gesprächspartner entsprechend darauf reagieren.

3. **»Räume dir freie Zeit ein«** – Erweitern Sie Ihr Bewusstsein im gegenwärtigen Moment, um angenehme Gefühle in Ihrem Körper wahrzunehmen. Nehmen Sie darüber hinaus Geräusche, visuelle Wahrnehmungen und Düfte in Ihrer Umgebung wahr. So entwickeln Sie ein Bewusstsein für den vorhandenen Raum, in dem Sie eine angenehme Zeit mit anderen verbringen können.

4. **»Entspanne dich und erweitere dein Bewusstsein«** – Bestehen Sie auf Ihrer Freiheit, den gegenwärtigen Moment zu genießen und sich gut zu fühlen. So entspannen Sie sich und nehmen die positiven Gefühle Ihres Herzens wahr. Dehnen Sie Ihr Bewusstsein aus, um auch Ihren Ge-

sprächspartner auf eine herzliche einladende Weise mit einzuschließen.

Zeit zum Nachdenken

Wieder empfehle ich Ihnen, sich ein paar Minuten ruhig hinzusetzen und darauf zu achten, welche Reaktionen die folgenden Fragen in Ihrem Inneren hervorrufen. Machen Sie diesen Prozess in den nächsten Wochen und Monaten mindestens drei- bis viermal durch, um Zugang zu unerwarteten Erkenntnissen und innerer Wahrheit zu erhalten. Konzentrieren Sie sich zunächst auf Ihre Atmung und Ihr Herz ... lesen Sie dann jeweils eine Frage ... kehren Sie mit Ihrer Aufmerksamkeit danach zu Ihrer Atmung und Ihrem Herzen zurück ... lesen Sie die Frage dann erneut ... schließen Sie die Augen und beobachten Sie, welche Erkenntnisse Sie bei jedem neuen Mal gewinnen:

A: Können Sie sich bei einer geschäftlichen Besprechung von Ihren Urteilen lösen und den anderen so annehmen, wie er ist? Was könnte geschehen, wenn Sie das bei allen Beziehungen tun?

B: Ist Ihr Bewusstsein eine Variable, die Sie erweitern können? Was halten Sie davon, andere Menschen in Ihr Bewusstsein mit einzuschließen und den Raum bewusst mit jemandem »zu teilen«?

C: Sind Sie in der Regel in Ihrem physischen Körper geerdet oder sind Sie vorwiegend auf Ihre Gedanken, Erinnerungen und Pläne fixiert? Ist es wertvoll für Ihre Arbeit, wenn Sie lernen, stärker in Ihrem Körper geerdet zu sein?

D: Glauben Sie, dass Ihr Geist und Ihr Herz die Kraft haben, die Gedanken und Gefühle eines anderen Menschen zu beeinflussen? Falls ja, wie wirkt sich das auf Ihr Arbeitsleben aus?

E: Vertrauen und Respekt sind bedeutende Worte – was halten Sie davon, Geschäftspartnern Vertrauen und Respekt entgegenzubringen?

Übung

Verankert bleiben

Der erste Moment der Begegnung läuft so schnell ab – und ist so wichtig. Folgendes sollten Sie daher unbedingt in diesem Moment tun:

1. Vorbereitung: Die Vorbereitung ist die halbe Miete bei einer erfolgreichen Begegnung. Machen Sie die ein- oder zweiminütige Vorbereitung durch, die Sie bereits gelernt haben, und fördern Sie Ihre Kraft, die Ihnen helfen wird, einen herzlichen Kontakt zum anderen aufzubauen. Sagen Sie zu sich selbst: **»Ich bin hier, jetzt – und atme frei.«**

2. Atem-Anker: Wenn Sie Ihrem Gesprächspartner zum ersten Mal gegenüberstehen, sollten Sie Ihre Aufmerksamkeit auf Ihre Atmung gerichtet halten – auf die Luft, die ein- und ausströmt, auf die Bewegungen in Ihrer Brust und Ihrem Bauch sowie auf das Gefühl, geerdet zu sein. Sagen Sie zu sich selbst: **»Ich bin in meinem Herzen, in Becken, Beinen und Füßen geerdet.«**

3. Den Raum mit jemandem teilen: Dehnen Sie Ihr Bewusstsein aus, um die Luft in Ihrer Umgebung mit einzuschließen – den Raum, den Sie nun mit Ihrem Gesprächspartner teilen. Lassen Sie dieses gemeinsame Medium eine Verbindung zwischen Ihnen sein und halten Sie Ihre Aufmerksamkeit auf den gegenwärtigen Moment gerichtet. Sagen Sie zu sich selbst: **»Ich möchte einen neuen Freund gewinnen.«**

4. Spontan sein: Anstatt nach einem vorgefertigten Schema vorzugehen, sollten Sie sich einfach entspannen, sich selbst die Erlaubnis geben, die Situation zu genießen, und zulassen, dass Ihr Körper sich spontan bewegt. Sagen Sie zu sich selbst: **»Ich befreie mich, um mich genau jetzt gut zu fühlen.«**

Üben Sie diesen Prozess, um ihn rasch zu meistern – räumen Sie sich Zeit ein, um mit dieser Methode zu experimentieren, und ärgern Sie sich nicht, wenn Sie in alte Gewohnheiten zurückgleiten. Beginnen Sie den Prozess dann einfach erneut und durchlaufen Sie ihn immer wieder.

Audioskript: Zweite Sitzung

(Gehen Sie zur Internetseite http://selbysolution.com.)

Im Moment der Begegnung sollten Sie darauf achten, entspannt zu bleiben und Ihr Bewusstsein aufrechtzuerhalten. Mit einigen Schritten können Sie dafür sorgen, heiter und im gegenwärtigen Moment zu bleiben, sodass Sie einen unmittelbaren Herzenskontakt zum anderen aufbauen können.

Stellen Sie sich vor, Sie gehen auf jemanden zu oder jemand kommt auf Sie zu. Bleiben Sie sich der Luft bewusst, die durch Ihre Nase ein- und ausströmt, und denken Sie an den Fokussatz »Ich bin hier in keiner Gefahr«. Wenn Sie sich nicht in Ihrem Körper spüren, sagen Sie zu sich selbst: »Ich bin in meinem Herzen, in Becken, Beinen und Füßen geerdet.« Erlauben Sie diesen Worten, Ihre Aufmerksamkeit auf Ihr Kraftzentrum zu lenken.

Anstatt sich anzuspannen und wie gewohnt zu reagieren, sollten Sie sich die Erlaubnis geben, spontan zu handeln, und zu sich selbst sagen: »Ich befreie mich, um mich genau jetzt gut zu fühlen.« Und um Ihre Absicht klar zum Ausdruck zu bringen, sagen Sie entweder: »Ich möchte einen neuen Freund gewinnen« oder: »Ich bin hier, um zu dienen, erfolgreich zu sein und das Leben zu genießen.«

3. Mit dem Herzen dabei sein

Wenn Sie beginnen, mit Ihrem Gesprächspartner über das Geschäftliche zu sprechen, sollten Sie sich Ihrer Absicht bewusst bleiben, ihm ehrlich zu dienen und seine Bedürfnisse wirklich zu erfüllen. Fördern Sie eine angenehme und freundliche Atmosphäre, dann wird Ihr Gegenüber sich gut betreut fühlen.

Zentrale Fokussätze

- »Ich möchte auf die Bedürfnisse des anderen achten . . .«
- »Ich möchte seine Bedürfnisse erfüllen . . .«
- »Ich wünsche mir, dass wir beide von unserer Begegnung profitieren . . .«
- »Ich bin hier, um diese Erfahrung zu genießen . . .«

Zur Erinnerung

Hilfreiche Tipps für die Begegnung

Allzu leicht gleiten wir in alte Gewohnheiten zurück, wenn wir mit Menschen zu tun haben, die eine negative Stimmung verbreiten. Bereiten Sie sich mithilfe der folgenden Punkte auf die Begegnung vor und erinnern Sie sich währenddessen daran. Auch nach dem Treffen sollten Sie die Liste noch einmal durchgehen und darüber nachdenken, wie gut Sie die einzelnen Tipps umgesetzt haben und was Sie beim nächsten Mal anders machen könnten.

Erster Tipp: Denken Sie daran, sich Ihrer Atmung und Ihres Herzens bewusst zu bleiben. Dienen Sie dem anderen Menschen, indem Sie ihm **Ihre gesamte Aufmerksamkeit schenken.**

Zweiter Tipp: Hören Sie Ihrem Gegenüber **wirklich zu,** damit er sieht, dass Sie sich für seine Bedürfnisse interessieren und bereit sind, ihm zu helfen, wenn Sie können.

Dritter Tipp: Denken Sie an den Fokussatz: **»Ich bin hier, um dem anderen bei der Erfüllung seiner Bedürfnisse zu helfen.«** Sagen Sie diesen Satz während der Begegnung mehrere Male als Absichtserklärung zu sich selbst.

Vierter Tipp: Konzentrieren Sie sich darauf, die **Bedürfnisse** des anderen **zu erkennen** und sie nach Möglichkeit **zu erfüllen**, anstatt Ihre eigene Absicht durchzusetzen.

Fünfter Tipp: Wenn Sie selbst Ihrem Kunden nicht weiterhelfen können, aber wissen, an wen er sich wenden kann, sollten Sie ihn entsprechend beraten und ihm auf diese Weise dienen.

Zeit zum Nachdenken

Wir haben gesehen, was geschieht, wenn wir den gewohnten Gedankenstrom in unserem Geist zur Ruhe bringen oder bestimmte Fokussätze sagen, um unsere Aufmerksamkeit in gewünschte Richtungen zu lenken. Im Folgenden ist eine Reihe von Fragen aufgeführt, die mit diesem Prozess zu tun hat:

1. **Psychologisches Judo:** Was geschieht, wenn Sie Ihre Aufmerksamkeit gleichzeitig auf zwei oder mehr physische Wahrnehmungen richten – zum Beispiel die Luft, die durch Ihre Nase ein- und ausströmt (Wahrnehmung Nummer 1), und die Bewegungen in Ihrer Brust und Ihrem Bauch, während Sie atmen (Wahrnehmung Nummer 2)?

2. **Sich ohne zu urteilen auf andere einlassen:** Wenn Sie sich auf urteilende Gedanken fixieren, blockieren Sie die Emotionen Ihres Herzens, sodass Sie diese nicht mehr spüren oder zum Ausdruck bringen können. Sagen Sie: »Ich schätze und akzeptiere den Menschen, mit dem ich zusammenarbeite.« Auf diese Weise richten Sie Ihre Aufmerksamkeit auf Ihr Herz. Wie reagieren Sie darauf, wenn Sie diese Worte zu sich selbst sagen?

3. **Sich selbst lieben:** Sie können keine herzlichen empathischen Gefühle gegenüber einem anderen Menschen entwickeln, wenn Sie sich selbst gegenüber das Gegenteil empfinden. Welche Gedanken und Emotionen entstehen, wenn Sie sagen: »Ich habe ein positives Gefühl mir selbst gegenüber«? Sind Sie bereit, sich bedingungslos zu lieben?

4. **Spontan sein:** Wenn Sie sich in Gedanken verlieren, sind Sie nicht im gegenwärtigen Moment anwesend – und wenn Sie nicht auf den gegenwärtigen Moment ausgerichtet sind, können Sie weder mit ganzem Herzen auf einen anderen Menschen eingehen noch spontan sein. Was halten Sie davon, bei der Arbeit spontaner zu werden?

5. Anderen Menschen gerne dienen: Sie haben die Wahl, ob Sie Ihre Arbeit als egoistische Manipulation anderer Menschen sehen, die dazu dient, Ihre eigenen Bedürfnisse zu befriedigen, oder aber als freundlichen Service, mit dem Sie die Bedürfnisse Ihrer Kunden erfüllen. Welches Gefühl haben Sie, wenn Sie sagen: »Ich bin hier, um zu dienen«? Möchten Sie anderen Menschen wirklich helfen?

6. Aufmerksam zuhören: Sie können die Bedürfnisse von anderen Menschen erst erfüllen, wenn Sie ihnen zuvor aufmerksam Gehör schenken. Es ist wesentlich für eine empathische Beziehung, mit ruhigem Geist und offenem Herzen zuzuhören. Sind Sie in der Lage, das zu tun? Und was geschieht, wenn Sie mit voller Aufmerksamkeit zuhören?

7. Zeit und Raum für die Beziehung schaffen: Jeder Kontakt zwischen Menschen findet innerhalb von Zeit und Raum statt. Wenn Sie meinen, beispielsweise während eines Kundengesprächs nur für das rein Geschäftliche Zeit zu haben, werden Sie keinen herzlichen Kontakt zum anderen aufbauen. Sind Sie in der Lage, das Tempo zu drosseln, tief durchzuatmen und einfach mit dem anderen »zu sein«? Und was geschieht, wenn Sie das tun?

8. Sich in jedem Moment neu entscheiden: In jedem neuen Moment, in dem Sie mit einem anderen Menschen zusammen sind, haben Sie die Möglichkeit, offen, bewusst und freundlich zu sein oder aber in gewohnte mentale und emotionale Muster abzugleiten und die Verbindung zum eigenen Herzen zu verlieren. Wie sehen Ihre Verhaltensmuster in der Regel aus? Und was halten Sie davon, die einfachen, aber essenziellen Methoden zum Stimmungsmanagement in den nächsten Wochen und Monaten zu üben, um sie schließlich zu meistern?

Übung

Mit dem Herzen dabei sein

Natürlich möchten Sie bei der Arbeit Geld verdienen. Sie möchten anderen Menschen dienen und ihnen gleichzeitig etwas verkaufen beziehungsweise erfolgreich sein. Wie gelingt Ihnen das am besten? Und wie können Sie gleichzeitig sich selbst und Ihr Gegenüber achten? Sie haben in den ersten beiden Abschnitten dieses Buches gelernt, wie Sie sich auf eine Begegnung vorbereiten und währenddessen einen herzlichen Kontakt aufrechterhalten können. Nun sind Sie bereit, das Geschäftliche abzuwickeln und dabei freundlich und serviceorientiert zu bleiben.

1. Der Trick ist, sich an einige Fokussätze zu erinnern, um positiv gestimmt und offen für den anderen zu bleiben, während Sie über das Geschäftliche sprechen. Der wichtigste Fokussatz in diesem Zusam-menhang lautet: **»Ich möchte auf die Bedürfnisse des anderen achten«**.

2. Wenn Sie Ihrem Gesprächspartner aufmerksam zugehört haben, ist es an der Zeit zu überlegen, wie Sie seine Bedürfnisse am besten erfüllen können. Sagen Sie zu sich selbst: **»Ich möchte diesem Menschen helfen, seine Bedürfnisse zu erfüllen.«** Seien Sie sich dieser klaren Absicht bewusst, während Sie mit dem anderen sprechen. Mit dieser Absicht werden Sie sich gut im Herzen fühlen – und wenn Sie sich gut und hilfsbereit fühlen, fördern Sie eine Situation, von der Sie beide profitieren werden.

3. Anstatt während des Gesprächs verkrampft und angespannt zu sein, sollten Sie sich stets des folgenden Fokussatzes bewusst bleiben: **»Ich bin hier, um die Erfahrung zu genießen«**. Ihr Gegenüber wird sich dann ebenfalls entspannen, Ihre Präsenz genießen und gerne wiederkommen!

Audioskript: Dritte Sitzung

(Gehen Sie zur Internetseite http://selbysolution.com.)

In dieser dritten Sitzung zum Empathie-Prozess konzentrieren wir uns darauf, wie wir heiter und freundlich bleiben können, wenn wir beginnen, mit Kunden oder Klienten über das Geschäftliche zu sprechen. Wir werden nun eine geschäftliche Begegnung durchgehen und den Prozess in Aktion erleben.

Stellen Sie sich vor, Sie haben sich auf die Begegnung vorbereitet und verschiedene Fokussätze eingesetzt, um im ersten Moment der Begegnung geerdet und freundlich zu bleiben. Sie haben etwas mit Ihrem Gesprächspartner geplaudert – und nun ist es an der Zeit, über das Eigentliche zu sprechen. Während Sie auf Ihre Atmung konzentriert bleiben, bewahren Sie sich gleichzeitig den folgenden Gedanken im Bewusstsein: »Ich möchte die Bedürfnisse des anderen bewusst wahrnehmen und ihm dabei helfen, sie zu erfüllen«. Lernen Sie diese Absichtserklärung auswendig, sodass sie jederzeit abrufbar ist – und handeln Sie danach, indem Sie Ihrem Gesprächspartner aufmerksam zuhören.

Es gehört möglicherweise zu Ihrer Arbeit, ein Produkt zu präsentieren oder etwas mit großer Konzentration theoretisch zu planen, aber wenn Sie sich mit jemandem unterhalten, sollten Sie sich Ihres Körpers im gegenwärtigen Moment bewusst bleiben und sich die Erlaubnis geben, sich rundum wohl zu fühlen. Denn dann macht es dem anderen Spaß, Zeit mit Ihnen zu verbringen. Sagen Sie daher regelmäßig zu sich selbst: »Ich bin hier, um diese Erfahrung zu genießen«, oder etwas Ähnliches, um sich selbst und den anderen zu schätzen und zu respektieren.

Und am Ende der Begegnung sollten Sie sich von allen geschäftlichen Aspekten lösen und den anderen wissen lassen, dass Sie es genossen haben, mit ihm zusammen zu sein, und sich darauf freuen, ihn wieder zu sehen!

Machen Sie diese Trainingssitzung von Zeit zu Zeit durch, bis Sie den Ablauf auswendig können und ihn bei allen Begegnungen automatisch einsetzen.

4. Die Begegnung nachbereiten

In der vierten Phase halten Sie inne, um über die Begegnung nachzudenken. Sie sollten gezielt überlegen, was nun zu tun ist. Nehmen Sie sich Zeit dafür, positive Aspekte der Begegnung noch einmal zu durchleben und sich auf Ihren ehrlichen Wunsch zu konzentrieren, dem anderen erneut zu begegnen. Machen sie es sich zur Gewohnheit, stets innezuhalten, um diesen vierten Schritt der Reflexion durchzuführen.

Zentrale Fokussätze

- »Ich danke Ihnen für Ihren Besuch.«
- »Ich würde Sie gerne wieder sehen!«
- »Ich möchte genug Geld verdienen, um gut leben zu können.«
- »Ich erlaube mir, mich bei der Arbeit gut zu fühlen.«

Zur Erinnerung

Allzu häufig gehen wir von einer Begegnung gleich zur nächsten über, ohne innezuhalten und die vierte Phase des Prozesses durchzumachen. Wenn wir diesen Reflexionsprozess auslassen, schränken wir den langfristigen Erfolg der Begegnung erheblich ein.

Sich an positive Momente erinnern: Wenn Sie den Empathie-Prozess anwenden, werden Sie bei jeder neuen Begegnung angenehme Momente erleben (selbst wenn Ihr Gesprächspartner etwas unangenehm ist). Sie können sich dafür entscheiden, die Erfahrung zu genießen. Danach sollten Sie innehalten und sich an die positiven Gefühle erinnern, um eine dauerhafte Erinnerung zu entwickeln und einen Herzenskontakt zu dem Menschen herzustellen, dem Sie begegnet sind.

Eine klare Absicht entwickeln: Die Princeton-Studie hat gezeigt, dass unsere Gedanken eine starke Kraft haben und andere Menschen beeinflussen können. Daher sollten Sie nach jeder Begegnung innehalten und die klare Absicht entwickeln, Ihren Gesprächspartner wieder zu sehen. Auf diese Weise erreichen Sie eine starke Kundenbindung beziehungsweise stabile Beziehungen mit Geschäftspartnern oder Klienten.

Den eigenen Erfolg genießen: Nachdem Sie Ihr Bestes getan haben, um dem anderen zu dienen, sollten Sie das Gefühl auskosten, Gutes getan zu haben und bei der Arbeit erfolgreich zu sein. Atmen Sie in Ihre positiven Emotionen hinein, erkennen Sie Ihre Leistungen an und genießen Sie ein Gefühl der Zufriedenheit – das ist Ihr gutes Recht!

Zeit zum Nachdenken

Nach jeder Begegnung sollten Sie sich etwas Zeit für den Reflexionsprozess einräumen. Denken Sie darüber nach, was geschehen ist, und entwickeln Sie ein erweitertes Verständnis dafür, wer Sie sind und was Sie tun. Das ist besonders bei der Arbeit wichtig. Im Folgenden finden Sie Fragen, die Sie sich nach jeder Begegnung stellen können.

A: Waren Sie während der Begegnung in der Lage, sich Ihrer Atmung sowie Ihrer ganzkörperlichen Präsenz bewusst zu bleiben? Was geschah dabei in Ihrem Geist und in Ihrem Bewusstsein? Was könnten Sie tun, um bewusster, entspannter und freundlicher zu bleiben?

B: Sind Sie bereits ein guter Zuhörer, der seine gesamte Aufmerksamkeit dem Gesprächspartner widmet, wenn dieser seine Bedürfnisse äußert? Können Sie gleichzeitig Ihre Atmung beobachten, auf Ihr Herz eingeschwungen bleiben und mit voller Aufmerksamkeit zuhören?

C: Fällt es Ihnen leicht, sich an positive Momente zu erinnern, die Sie mit einem anderen Menschen erlebt haben? Nehmen Sie sich gerne Zeit, um darüber nachzudenken und sich daran zu erinnern? Können Sie sich die Person, der Sie gerade begegnet sind, ohne urteilende Gedanken vor Ihrem inneren geistigen Auge vorstellen?

D: Welches Gefühl stellt sich bei Ihnen ein, wenn Sie die Absicht formulieren, Ihren Gesprächspartner wieder zu sehen? Gelingt es Ihnen, den Wunsch auszusenden, dass beide von der Situation profitieren und dass eine dauerhafte Freundschaft zu diesem Menschen entsteht?

E: Halten Sie regelmäßig inne, um Ihren eigenen Erfolg anzuerkennen und zu genießen? Bringen Sie regelmäßig Ihre Absicht zum Ausdruck, nicht nur anderen zu dienen, sondern auch genug Geld zu verdienen, um Ihre eigenen Bedürfnisse zu erfüllen?

Übung

Eine Begegnung nachbereiten

Lernen Sie den folgenden Prozess auswendig und wenden Sie ihn nach jeder Begegnung an. Sie können ihn in nur einer Minute durchführen, wenn Sie nicht mehr Zeit haben. Es wäre wünschenswert, wenn Ihr Arbeitgeber Sie dazu auffordern würde, sich nach Möglichkeit ein paar Minuten Zeit zu nehmen, um eine Begegnung nachzubereiten - denn jeder würde davon profitieren!

1. Halten Sie inne und konzentrieren Sie sich auf Ihre Atmung ... nehmen Sie sich etwas Zeit, um nachzudenken - erinnern Sie sich an positive Momente mit Ihrem Kunden, Klienten oder Geschäftspartner. Und sagen Sie zu sich selbst, als ob Sie mit dem anderen sprechen würden: **»Danke für Ihren Besuch.«**

2. Schalten Sie nun von diesen vergangenen Momenten auf Ihre Absicht um, diesen Menschen wieder zu sehen und geschäftlich mit ihm zu tun zu haben. Sagen Sie in Gedanken zu ihm: **»Ich würde Sie gerne wieder sehen.«**

3. Erinnern Sie sich ein paar Atemzüge lang an Situationen, in denen Sie Ihre Arbeit gut gemacht haben. Stärken Sie im Geist Ihre Absicht, bei der Arbeit erfolgreich zu sein, indem Sie sagen: **»Ich möchte genug Geld verdienen, um gut leben zu können.«**

4. Beenden Sie Ihre Reflexion, indem Sie zu sich

selbst sagen: »**Ich erlaube mir, mich bei der Arbeit gut zu fühlen.**« Lassen Sie zu, dass diese Worte Sie zu Ihrer nächsten Tätigkeit führen!

Audioskript: Vierte Sitzung

(Gehen Sie zur Internetseite http://selbysolution.com.)

Häufig fällt es uns am schwersten, nach einer Begegnung innezuhalten, über die Erfahrung nachzudenken und unsere Absicht zu formulieren, den anderen Menschen wieder zu sehen. Die folgende geführte Sitzung leitet Sie mühelos durch die verschiedenen Stufen des Nachbereitungsprozesses.

1. Nehmen Sie sich zunächst bewusst etwas Zeit, um genug Raum zum Atmen zur Verfügung zu haben und den Prozess durchzumachen... nehmen Sie bewusst Ihre Atmung wahr... und die Gefühle in Ihrem Herzen... Ihren gesamten Körper, genau hier, genau jetzt... und lassen Sie positive Erinnerungen an den Menschen zu, dem Sie gerade begegnet sind... erinnern Sie sich an Momente während der Begegnung, in denen Sie sich gut gefühlt haben... und lassen Sie zu, dass die positiven Erinnerungen an den anderen sich fest in Ihnen verwurzeln.

2. Schalten Sie nun von der Vergangenheit auf die Zukunft um. Spüren Sie die Absicht, dem anderen wieder zu begegnen, in Ihrem Herzen und genießen Sie die Vorstellung, erneut Zeit mit ihm zu verbringen... sagen Sie im Geist zu ihm: »Ich würde Sie

gerne irgendwann wieder sehen.« Spüren Sie die positive Herzensverbindung zu diesem Menschen.

3. Während Sie in dieses positive Gefühl der Verbundenheit mit dem anderen hineinatmen, erkennen Sie Ihre eigene Arbeitsleistung an und bringen Ihre Absicht zum Ausdruck, indem Sie sagen: »Ich möchte genug Geld verdienen, um gut leben zu können.«

4. Beenden Sie nun Ihre kurze Reflexionspause und sagen Sie zu sich selbst: »Ich erlaube mir, mich bei der Arbeit gut zu fühlen.« Konzentrieren Sie sich weiterhin auf Ihre Atmung sowie auf die positiven Gefühle in Ihrem Herzen und setzen Sie dann Ihren Tag fort.

Das Praxisprogramm im Überblick in Kurzform

Erster Schritt:
Sich auf eine Begegnung vorbereiten

1. Sagen Sie zu sich selbst: »**Ich spüre, wie die Luft durch meine Nase ein- und ausströmt** . . .« . . . und während Sie atmen, lassen Sie sich ganz auf dieses sinnliche Erlebnis ein.

2. Sagen Sie zu sich selbst: »**Ich spüre auch die Bewegungen in meiner Brust und meinem Bauch** . . .« . . . und dehnen Sie Ihr Bewusstsein aus, damit es Ihren ganzen Körper umfasst.

3. Sagen Sie zu sich selbst: »**Ich bin mir der Gefühle in meinem Herzen bewusst** . . .« . . . atmen Sie in die Gefühle hinein, die Sie in Ihrem Herzen vorfinden.

4. Sagen Sie zu sich selbst: »**Ich bin hier, jetzt – und atme frei** . . .« . . . und schwingen Sie sich auf gute Gefühle ein, die Sie in Ihrem Inneren vorfinden, egal, wie diese auch aussehen mögen.

5. Sagen Sie: »**Mein Geist ist still, ich bin innerlich ruhig** . . .« . . . und genießen Sie das Gefühl innerer Ruhe in Ihrem Geist.

6. Sagen Sie: »**Ich schätze und akzeptiere den Menschen, dem ich begegne** . . .« . . . entspannen Sie Ihren Geist durch das Gefühl der Akzeptanz noch mehr und öffnen Sie Ihr Herz.

7. Sagen Sie zu sich: **»Ich habe ein positives Gefühl mir selbst gegenüber . . .«** ... und erleben Sie die Gefühle, die durch diese Worte in Ihrem Herzen erweckt werden.

8. Sagen Sie: **»Ich bin hier, um zu dienen, erfolgreich zu sein und das Leben zu genießen . . .«** ... und werden Sie dann mit dieser klaren Absicht aktiv.

Zweiter Schritt:
Der Moment der Begegnung – Verankert bleiben

1. **Vorbereitung:** Die Vorbereitung ist die halbe Miete bei einer erfolgreichen Begegnung. Machen Sie die ein- oder zweiminütige Vorbereitung durch, die Sie bereits gelernt haben – und fördern Sie so Ihre Kraft, die Sie benötigen, um einen herzlichen Kontakt zum anderen aufzubauen. Sagen Sie zu sich selbst: **»Ich bin hier, jetzt – und atme frei.«**

2. **Atem-Anker:** Wenn Sie Ihrem Gesprächspartner zum ersten Mal gegenüberstehen, sollten Sie Ihre Aufmerksamkeit auf Ihre Atmung gerichtet halten – auf die Luft, die ein- und ausströmt, auf die Bewegungen in Ihrer Brust und Ihrem Bauch sowie auf das Gefühl, geerdet zu sein. Sagen Sie zu sich selbst: **»Ich bin in meinem Herzen, in Becken, Beinen und Füßen geerdet.«**

3. **Den Raum teilen:** Dehnen Sie Ihr Bewusstsein aus, um die Luft in Ihrer Umgebung mit einzuschließen – den Raum, den Sie nun mit Ihrem Gesprächspart-

ner teilen. Lassen Sie dieses gemeinsame Medium eine Verbindung zwischen Ihnen sein und halten Sie Ihre Aufmerksamkeit auf den gegenwärtigen Moment gerichtet. Sagen Sie zu sich selbst: »**Ich möchte einen neuen Freund gewinnen.**«

4. **Spontan sein**: Anstatt nach einem vorgefertigten Schema zu verfahren, sollten Sie sich einfach entspannen, sich selbst die Erlaubnis geben, die Situation zu genießen, und zulassen, dass Ihr Körper sich spontan bewegt. Sagen Sie zu sich selbst: »**Ich befreie mich, um mich genau jetzt gut zu fühlen.**«

Üben Sie diesen Prozess, um ihn rasch zu meistern – räumen Sie sich Zeit ein, um mit dieser Methode zu experimentieren, und ärgern Sie sich nicht, wenn Sie in alte Gewohnheiten zurückgleiten. Beginnen Sie den Prozess dann einfach erneut und machen Sie ihn immer wieder durch.

Dritter Schritt: Mit dem Herzen dabei sein

Natürlich möchten Sie bei der Arbeit Geld verdienen. Sie möchten anderen Menschen dienen und ihnen gleichzeitig etwas verkaufen beziehungsweise erfolgreich sein. Wie gelingt Ihnen das am besten? Und wie können Sie gleichzeitig sich selbst und Ihr Gegenüber achten?

Sie haben in den ersten beiden Abschnitten dieses Buches gelernt, wie Sie sich auf eine Begegnung vorbereiten und währenddessen einen herzlichen Kontakt aufrechterhalten können. Nun sind Sie bereit, das Geschäftliche abzuwickeln und dabei freundlich und serviceorientiert zu bleiben.

1. Der Trick ist, sich an einige Fokussätze zu erinnern, um positiv gestimmt und offen für den anderen zu bleiben, während Sie über das Geschäftliche sprechen. Der wichtigste Fokussatz lautet in diesem Zusammenhang: »**Ich möchte auf die Bedürfnisse des anderen achten**«.

2. Wenn Sie Ihrem Gesprächspartner aufmerksam zugehört haben, ist es an der Zeit zu überlegen, wie Sie seine Bedürfnisse am besten erfüllen können. Sagen Sie zu sich selbst: »**Ich möchte diesem Menschen helfen, seine Bedürfnisse zu erfüllen.**« Seien Sie sich dieser klaren Absicht bewusst, während Sie mit dem anderen sprechen. Mit dieser Absicht werden Sie sich gut im Herzen fühlen - und wenn Sie sich gut und hilfsbereit fühlen, fördern Sie eine Situation, von der Sie beide profitieren werden.

3. Anstatt während des Gesprächs verkrampft und angespannt zu sein, sollten Sie sich stets des folgenden Fokussatzes bewusst bleiben: »**Ich bin hier, um die Erfahrung zu genießen**«. Ihr Gegenüber wird sich dann ebenfalls entspannen, Ihre Präsenz genießen und gerne wieder kommen!

Vierter Schritt: Eine Begegnung nachbereiten

Lernen Sie den folgenden Prozess auswendig und machen Sie ihn nach jeder Begegnung durch. Sie können ihn in nur einer Minute durchführen, wenn Sie nicht mehr Zeit haben. Es wäre natürlich wünschenswert, wenn Ihr Arbeitgeber Sie dazu auffordern würde, sich nach Möglichkeit ein paar Minuten Zeit zu nehmen, um eine Begegnung nachzubereiten – denn jeder würde davon profitieren!

1. Halten Sie inne und konzentrieren Sie sich auf Ihre Atmung... nehmen Sie sich etwas Zeit, um nachzudenken – erinnern Sie sich an positive Momente mit Ihrem Kunden, Klienten oder Geschäftspartner. Und sagen Sie zu sich selbst, als ob Sie mit dem anderen sprechen würden: **»Danke für Ihren Besuch.«**

2. Schalten Sie nun von diesen vergangenen Momenten auf Ihre Absicht um, diesen Menschen wieder zu sehen und geschäftlich mit ihm zu tun zu haben. Sagen Sie in Gedanken zu ihm: **»Ich würde Sie gerne wieder sehen.«**

3. Erinnern Sie sich ein paar Atemzüge lang an Situationen, in denen Sie Ihre Arbeit gut gemacht haben. Stärken Sie im Geist Ihre Absicht, bei der Arbeit erfolgreich zu sein, indem Sie zu sich sagen: **»Ich möchte genug Geld verdienen, um gut leben zu können.«**

4. Beenden Sie Ihre Reflexion, indem Sie zu sich selbst sagen: **»Ich erlaube mir, mich bei der Arbeit gut zu fühlen.«** Lassen Sie zu, dass diese Worte Sie auf eine positive Weise zu Ihrer nächsten Tätigkeit führen, wie auch immer diese aussehen mag!

Tägliche Empathie-Übung (3 – 5 Minuten)

Sie werden sehr davon profitieren, wenn Sie Ihren Geist und Ihre Emotionen jeden Tag mithilfe des folgenden inneren Prozesses vorbereiten. Sie können das gleich beim Aufstehen tun, auf dem Weg zur Arbeit oder während einer kurzen Arbeitspause. Sie können auch die Audioführung online nutzen, um mühelos auf einen empathischen Modus umzuschalten:

Machen Sie es sich bequem, so, wie es für Sie am besten ist… strecken Sie sich ein bisschen, wenn das angenehm für Sie ist… vielleicht möchten Sie auch gähnen… und schwingen Sie sich auf Ihre Atmung ein… auf die Luft, die durch Ihre Nase ein- und ausströmt… die Bewegungen in Ihrer Brust und Ihrem Bauch, während Sie atmen… und dehnen Sie Ihre Aufmerksamkeit aus, um auch die Gefühle in Ihrem Herzen mit einzuschließen, genau jetzt… akzeptieren Sie sie… und sagen Sie zu sich selbst: **»Ich erlaube mir, mich gut zu fühlen.«**

Während Sie Ihre volle Aufmerksamkeit auf Ihre Atmung richten… auf Ihr Herz… Ihre ganzkörperliche Präsenz … wird Ihr Geist ruhig… Sie können Ihre Sorgen und andere mentale Belastungen loslassen… und einfach die reine Freude genießen, am Leben zu sein, genau jetzt… Sie atmen… und akzeptieren die Welt, genau so, wie sie ist… Sie sind bereit, Ihren neuen Tag zu genießen…

Sie haben die Wahl, sich heute in Ihrem eigenen Herzen gut oder schlecht zu fühlen... sagen Sie einfach zu sich selbst: »**Ich entscheide mich dafür, mich gut zu fühlen und freundlich zu allen Menschen zu sein, denen ich begegne . . .**«

Und während Sie sich nun einfach entspannen und die Atemzüge genießen, die kommen... und gehen ... ohne jegliche Anstrengung... öffnen Sie sich und lassen Akzeptanz und Liebe in Ihr Herz hineinströmen... lassen Sie ein starkes Empathie-Gefühl in Ihrem Herzen entstehen... in Ihrem ganzen Körper... sagen Sie erneut zu sich selbst: »**Ich erlaube mir, mich bei der Arbeit gut zu fühlen.**«

Konzentrieren Sie sich nun auf Ihre Absicht, sowohl Ihren Kunden und Klienten zu dienen als auch erfolgreich zu sein und genug Geld zu verdienen, um ein gutes Leben führen zu können... sagen Sie zu sich selbst »**Ich bin hier, um zu dienen, erfolgreich zu sein und das Leben zu genießen . . .**«

Und während Sie sich Ihrem Arbeitstag widmen, können Sie diese positive Aufladung Ihres Empathie-Akkus im Herzen und im Geist aufrechterhalten... erinnern Sie sich außerdem immer wieder an Ihre Lieblingsfokussätze... bleiben Sie dabei auf Ihre Atmung konzentriert... auf Ihr Herz... Ihre angenehme ganzkörperliche Präsenz... dieser Tag ist Ihr Tag!

Genießen Sie ihn!

Die Fokussätze auf einen Blick

1.

- »Ich bin hier, jetzt – und atme frei …«
- »Ich bin mir der Gefühle in meinem Herzen bewusst …«
- »Mein Geist ist still, ich bin innerlich ruhig …«
- »Ich schätze und akzeptiere den Menschen, dem ich begegne …«

2.

- »Ich habe ein positives Gefühl mir selbst gegenüber …«
- »Ich bin in meinem Herzen, in Becken, Beinen und Füßen geerdet …«
- »Ich möchte einen neuen Freund gewinnen …«
- »Ich bin hier, um zu dienen, erfolgreich zu sein und das Leben zu genießen …«

3.

- »Ich möchte auf die Bedürfnisse des anderen achten …«

- »Ich möchte dem anderen helfen, seine Bedürfnisse zu erfüllen ...«
- »Ich wünsche mir, dass wir heute beide von der Begegnung profitieren ...«
- »Ich entscheide mich dafür, diese Begegnung zu genießen ...«

4.

- »Ich danke Ihnen für Ihren Besuch.«
- »Ich würde Sie gerne wieder sehen!«
- »Ich verdiene es, genug Geld zu bekommen, um gut leben zu können.«
- »Ich erlaube mir, mich bei der Arbeit gut zu fühlen.«

Allegria

Das Buch, mit dem jeder sein Leben neu beginnen kann

DAVID SIMON
10 Entscheidungen für ein besseres Leben
Wie Sie glücklich hundert Jahre alt werden
224 Seiten
€ [D] 18,– / € [A] 18,50/ sFr 31,60
ISBN 978-3-7934-2063-7

Im Geiste östlicher und westlicher Weisheiten und Traditionen zeigt Dr. David Simon, wie wir die Veränderungen im Leben verwirklichen können, die wir wollen und brauchen, indem wir eigenverantwortliche Entscheidungen treffen, anstatt fremdbestimmte Gebote einzuhalten. Die meisten unter uns sind mit den Zehn Geboten aufgewachsen – und leider wenden wir häufig die Philosophie des »Du sollst nicht ...« an, um zu versuchen, uns und unser Leben zu verändern. Dr. Simon ermutigt dazu, dass wir die Kraft der eigenen Entscheidung kennenlernen und anwenden, um ein Leben zu gestalten, das von mehr Frieden, Vitalität, Liebe und Sinn erfüllt ist.